"中学英语新课标·新教材·新课堂

学科核心素养导向的
高中英语学习活动设计

汤 青 主编
陈婧怡 编著

上海教育出版社
SHANGHAI EDUCATIONAL
PUBLISHING HOUSE

图书在版编目(CIP)数据

学科核心素养导向的高中英语学习活动设计 / 汤青
主编 ；陈婧怡编著. -- 上海 ：上海教育出版社，2024.
9. -- ISBN 978-7-5720-2971-4

Ⅰ. G633. 412

中国国家版本馆 CIP 数据核字第 2024D512R2 号

策划编辑　黄　艳
责任编辑　周长天
封面设计　朱博韡

学科核心素养导向的高中英语学习活动设计
汤　青　主编
陈婧怡　编著

出版发行　上海教育出版社有限公司
官　　网　www.seph.com.cn
地　　址　上海市闵行区号景路 159 弄 C 座
邮　　编　201101
印　　刷　上海颛辉印刷厂有限公司
开　　本　889×1194　1/32　印张 6.5
字　　数　157 千字
版　　次　2024 年 9 月第 1 版
印　　次　2024 年 9 月第 1 次印刷
书　　号　ISBN 978-7-5720-2971-4/G・2629
定　　价　45.80 元

总　序

今年是我在教研员岗位上的第20年。20年来我与许多20年左右教龄的老师们建立了深厚的友谊,我们共同见证了彼此的成长。我们不常见面,但我们以文会友,相互学习;我们面对不同学情,但我们总能在教学改革的关键时刻提出同样的问题,并相互促进,寻求更好的解决方案。

这是一份极其珍贵的友谊,也是一份教研教学实践的档案。我们想更理性、更系统地思考,更广泛、更有效地传播经验,在与上海教育出版社的共同策划下,"中学英语新课标·新教材·新课堂"丛书与大家见面了。

我们围绕英语学科核心素养培育的各个维度,结合一线教学中的困惑和难点,以理论导读与实践案例相结合的方式再现先进的课程理念、依据学情的学习内容调整和学程规划、体现语言学习规律的活动设计、跨文化交流表达的规范和规矩等。其中的实践案例借助英语学科多模态语篇的特点,引导丰富的输入与输出方式;多层级活动设计依据学习理解、应用实践和迁移创新的路径;多元化实践鼓励学生参与项目式跨学科主题学习活动;多维度评价关注学生用英语学习和交流的能力。这些实践案例都是通过反复研讨而形成的,遵循深度教研主题化、系列化、进阶性等要求。

一本书只是给出一个已有的答案,只是提供一种可行的方案,我们更想让它们成为探索答案的种子,寻找更佳方案的导线。我们将围绕这些话题开展读书活动,悦纳真知灼见,为上海英语教研教学更好的发展贡献一己之力。

我们是一个不断扩充壮大的团队。

我们尊重学生学习规律，体现因材施教的教学智慧——这是我们的实践目标。

我们复盘反思调整积累，体现乐教笃行的职业自律——这是我们的学习过程。

我们循证剖析求是创新，回应新时代对人才的要求——这是我们的岗位追求。

汤　青

上海市教师教育学院

（上海市教育委员会教学研究室）

前　言

大学毕业至今 20 多年，笔者一直在上海市市西中学从事高中英语教学工作，学校始终将人才培养和课程教学改革作为提升办学品质的核心领域。通过参与近年来的课程教学改革，笔者能够深刻感受到，课程教学领域的变革创新是塑造学校教育品牌的内在价值基因。这种整体性的改革创新驱动力也指引着教师不断地在学科教学的探索上孜孜以求。这实际上也是本书写作的重要价值与初心。

在笔者看来，这些探索丰富了经历，也夯实了在专业发展领域的基础，强化了对于学科核心素养导向的英语学习活动设计的研究意识。一直以来，笔者只是单纯地琢磨教学，使一堂课变得有趣有效，直到有幸加入了上海市教师教育学院（上海市教育委员会教学研究室）组织的《上海市高中英语学科教学基本要求（试验本）》的编写团队。在跟随汤青老师的项目团队深入学习中外课程大纲，研究国家英语课程标准，集中讨论和磨稿的过程中，笔者加深了对高中英语教学的理解，并系统性地反思了高中英语课堂教学的问题和出路，形成了对英语课堂教学改革的一些基本认知与判断。

在推进"双新"改革的过程中，学校除了整体层面的统一设计之外，还采取了学科重点突破的方式。学校打造"思维广场"，变革教与学的方式，英语教研组协同合作，深刻研读课程标准，努力推动高中英语学科教学样态的重构和方式的创新，在课程内容重构、教学组织实施方式变革、评价创新等维度进行了一系列行之有效的探索。本书呈现的课堂活动案例、项目式学习活动案例，以及"思维广场"学习活动案例，都是英语教研组多年来努力探索实践所取得的共同成果。

　　本书共有五个章节：第一章梳理学科核心素养导向的高中英语教学改革背景；第二章阐述对学科核心素养导向的高中英语学习活动的几点思考；第三章侧重学科核心素养导向的高中英语课堂学习活动，分析设计要点及相关案例；第四章聚焦学科核心素养导向的高中英语项目式学习活动，明晰活动理念，呈现设计要点及相关案例；第五章以"思维广场"英语学习活动设计为例，提出课堂与项目式融合的学习活动设计理念与要点。

　　希望通过本书和大家分享交流，引发更广泛的思维碰撞，获得新的启示。鉴于个人理论涵养有限，书中如有不当之处，敬请批评指正。

陈婧怡

上海市市西中学

目　录

引 言

以行动研究推进高中英语
"双新"改革

　　进入新时代的中国教育改革发展,既迎来重要的发展机遇,也面临诸多挑战。如何整合教育资源,化解教育危机,推动教育公平而有质量发展,加快推进教育强国建设,这是时代发展的主题。新时代的变革,是认知模式、生存环境、社会生产力等基础层面的变革。这对于教育实践与理论必将产生基础性、颠覆性的影响和改变。新时代我国教育的主要矛盾是人民日益增长的优质教育需要与教育供给不平衡、不充分之间的矛盾。鉴于教育主要矛盾的变化,新时代我国教育的价值取向将由生存性教育向发展性教育转变,教育发展的动力仍由内外因共同驱动,教育发展的着力点为"均衡"与"充分",教育发展的格局体现为全面性、全方位性和全人性等特点,而这些特点整合到一处,就是着力打造更高质量、更优质均衡的人才培养体系。中共中央总书记习近平在二十届中央政治局第五次集体学习时明确强调,"加快建设教育强国,为中华民族伟大复兴提供有力支撑。要坚持把高质量发展作为各级各类教育的生命线,加快建设高质量教育体系。"教育强国建设作为一个极富时代色彩的改革命题,是一种着眼社会进步、民族复兴和教育改革发展的整体性设计,既需要党和国家、政府层面对教育改革发展的整体性顶层设计和持续的投入、保障,也需要每一所学校的高质量、特色化发展作为支撑。

推动教育高质量发展,打造教育强国,最基础的工程是课程教学改革。改革是社会领域研究与实践的重要话语方式和行动路径,是推动社会变革的内核力量。对于教育变革而言,课程教学领域的改革是最为重要的推动力量,而教师在课程教学改革中的主动参与、主动探索、主动建构,是最为核心的决定因素。课程改革的本质是课程民主,近年来,我国和世界其他各国(地区)课程教学改革背后的深意就在于授予学校和教师更大的课程自主权,教师通过清晰的课程变革意识和综合性的课程领导力提升,有效介入和推动课程教学改革的实践进程,这不仅是课程改革彰显其民主性本质意蕴的内在要求,也是课程教学真正落到实处,取得实效的必然选择。

教师参与课程教学改革,首先是一个认识论层面的问题,即要对教师参与课程教学改革的价值、意义、地位等形成合理的认知。英国课程学家古德森强调,教育变革必须重新审视其内外部关系,这种审视和分析必须将人的转变作为首要因素,因为"只有当教师的个人投入被视为变革动力及其必要目标时,教育变革才最有成效"。在后续的相关研究中,研究者更多地倾向于通过实证分析来论证"教师在任何课程改革中都起着决定性的作用"的结论。除了理论层面的研究和主张外,世界各地越来越多的教育实践也深刻表明,只有教师真正有效参与的教育变革才可能是持久有效的变革。

教师参与课程教学改革,也是一个重要的方法论问题,那就是教师应该以一种怎样的身份和方式参与课程教学改革。课程教学改革作为一种课程教学理念、方式的系统性变革,必然是对教师原有的课程教学认知、理解、行为的打破和重塑,也就需要教师真正以一种研究者的身份介入课程教学改革,通过扎根于课堂的具身探索、思考和建构,形成对课程教学改革的个性化认知,凝练推进课程教学改革的实践性方略。20 世纪 60 年代,英国的斯腾豪斯及其研究团队正式提出了"教师成为研究者"的口号，之后，如何理解和建构教师与研究之间的内在逻辑关系，如何通过有效的制度设计和方法凝练，引导教师以一种独特的身份特征介入教育研究活动，如何让教师教育研究的成果在教育改革发展的实践中产生积极价值，成为教师教育研究领域持久关注的命题。近30多年来，越来越多的教育学者和一线中小学教师以各种形式积极从事教育、教学研究，包括"教育叙事""教学研究""行动研究"等。如何建构教师参与课程教学研究的有效路径体系，帮助教师建构起"教师成为研究者"的意识与能力，实际上在很大程度上决定着教师参与课程教学改革的现实效能。

一线教师作为课程教学改革的研究者，具有不同于一般教育研究者的独特优势，这种优势源自教师与课程教学改革实践的深度融合。这意味着，对于教师而言，对课程教学改革实践的具身参与及其积累的"经历"就具有了重要的研究意义。研究与实践的协同，是一线教师的重要身份特征。通过与现实生活密切关联的行动研究范式，探索具有实践价值的课程教学改革路径，在推动课程教学改革的同时实现自身专业成长，这是时代发展赋予当代教师的重要价值与使命。通过行动研究，教师可以探索和解决教学中遇到的具体问题，从而提高教学质量；可以设计更有效的教学策略，激发学生的学习兴趣和参与度；可以更好地理解不同学生的学习需求，从而设计更加包容和公平的教学活动；可以尝试新的教学方法和技术，推动教育创新。行动研究可以改进教师的教学实践和学校的教育环境，促进教师专业成长，提升整体的教育质量；行动研究成果还可以为教育理论提供实践基础，促进理论与实践的结合。

"双新"改革是近年来高中课程教学改革的重要领域和内容，其蕴含的新的课程教学理念、方法需要教师以研究者和实践者的双重身份进行不断思考和建构,需要教师以一种"行动研究"的自觉推动"双新"理念的有效落实。作为这一改革的亲历者,笔者深刻感受到,"双新"理念下核心素养导向的学科教学改革是一种更深层次、更加系统的变革,其对学科教学的渗透和引领是全方位的。如何在学科教学中真正树立起核心素养的导向,特别是在实践领域中,如何设计、组织、实施能够真正培养学生核心素养的英语学习活动,这是教师普遍关注的难点问题,也是"双新"改革强调的重点问题。基于对这一问题的认知,笔者及笔者的团队着重从课堂教学中英语学习活动的设计,项目式学习活动中英语学习活动的设计,以及具有市西中学特色的、将课堂与项目式融合的思维广场英语学习活动设计等维度,探索了指向学生核心素养培育的英语学习活动设计策略,积累了较为丰富的理论和实践探索成果。本书所呈现的也正是针对这一主题和任务的研究思考与积累。这既是笔者参与课程教学改革个体经历对于自身专业发展价值的体现,也是作为一名高中英语教师主动参与学科核心素养导向的课程教学改革的应有担当与作为。

第一章

学科核心素养导向的高中英语教学改革背景

　　任何层面的课程教学改革都不是孤立的,都需要在社会经济发展的外部环境和教育整体改革的系统性设计中寻求与达成自己的价值。教育与社会的关系是教育研究与实践的基本逻辑出发点,教育与社会不是一种单纯的决定和制约的线性关系,而是一种相互影响,并且始终处于互动过程之中的共变关系。这意味着,时代发展、社会进步,必然衍生新的教育需求。以教育改革推动教育与社会发展的适应、契合、共进是任何层次的教育变革都应该遵循的基本价值。本书关注的英语学习活动设计与实施,整体上从属于高中英语课程教学改革的范畴。要推动英语学习活动设计与实施的改革创新,实现其对学生核心素养培育的应有价值,首先需要对当下高中英语教学改革的整体背景进行分析,以便更好地找准英语学习活动设计与实施改革创新的历史定位,把握其改革创新的整体趋势与方向。

一、注重核心素养培育的时代背景

　　课程教学改革同任何领域的改革一样,都是一种有目的、有意识的人类行为。从现实的情态看,课程教学改革按其存在意义和价值追求来划分,可以划分为四种境界:本能型、自然型、自觉型和价值追求型,但是不论是怎样的一种改革范式,要真正发挥改革的实践效能,必须契合课程教学改革的整体发展趋势。从近年来国际与国内课程教学改革的整体演进看,核心素养无疑是一个最受关注,也是影响最为深刻的理念与导向,注重学生核心素养的培育已经成为当今时代人才培养和课程教学改革的关键命题。

(一) 核心素养成为课程教学改革的重要导向

课程教学改革是教育改革中最基础、最重要的部分,通过课程教学改革推动教育的整体变革是世界各国教育改革发展的共性选择。进入 21 世纪以来,世界范围内课程教学改革呈现出一些共同的趋势,比如课程内容上更加关注学生的整体发展,强调培养学生适应现代社会所需要的综合能力;课程架构和实施上,更加注重课程的整合性、实践性、开放性,强调学科的融合育人;课程评价上融入质量标准概念,强调课程问责。在这样一种整体趋势下,核心素养作为一个超越单一的知识、技能取向的人才培养观,逐渐成为世界范围内课程教学改革和人才培养在目标定位上的共同选择。

从概念上说,核心素养是学生"适应终身发展和社会发展需要的必备品格和关键能力",具有整体性、复杂性和实践性的特点。核心素养理念的提出有两方面重要价值:一方面,核心素养的理念为新时代教育教学的人才培养目标设计提供了一种重要的理解、分析和实践范式,这意味着面向新时代,教育所要培养的人,不再是单纯地拥有静态的、单一的、僵化的知识或者技能的人,而是具备综合性能力、思维和品质的素养类型的人;另一方面,从课程教学作为人才培养的基本载体看,核心素养的理念为当下和未来的课程教学提供了一个新的方向,核心素养导向的教学成为一种必然选择。

从课程教学的角度看,核心素养的核心是真实性,即核心素养的关键表现和承载是学生解决真实问题的能力,这种能力的培养对于传统的过于注重知识传递和技能习得的教学是一种极大的挑战甚至颠覆。自从核心素养成为课程教学改革的重要价值导向以来,学界和教育实践领域对于教学过程中如何培养学生的核心素养,或者说核心素养导向的课堂教学究竟有怎样的特征,进行了持续的探索。目前已经形成了一些共性的结论,比如:

核心素养导向的课程教学改革特别强调学科融合。核心素养是一种超越单一技能的综合能力,单一维度的学科教学往往难以承担核心素养培育的全部功能,因此,核心素养导向的教学注重将不同学科的知识和技能融合在一起,使学生能够形成更为全面的认知结构,这有助于培养学生的综合性思维和解决问题的能力。

核心素养导向的课程教学改革注重教学方式的改革创新,注重培养学生的实践能力、创新能力、综合能力。这意味着核心素养导向的课程教学中,教师要通过激发学生的好奇心,鼓励他们提出新颖的问题,促使学生在学习过程中产生创新性的思考和解决方案。课堂教学要着重引导学生通过解决实际问题和案例分析来学习。通过解决真实问题,学生能够运用所学知识,培养批判性思维和解决问题的能力。核心素养导向的教学强调实践性学习,包括实地考察、实验室实践、项目式学习等。通过实际操作,学生能够更深入地理解和运用所学内容,提高实际操作能力。不仅如此,核心素养导向的教学考虑到学生个体差异,采用个性化学习的方法。教师关注每个学生的学习风格和兴趣,通过差异化的教学策略满足学生的个性化需求。

核心素养导向的课程教学改革倡导学生的积极参与和团队合作。核心素养不是一种静态的素养,要体现在解决具体问题的探索、发现、创新之中。对于学生而言,很多问题的探索和尝试需要通过集体力量和团队合作进行。因此,核心素养导向的课程教学非常注重学生通过小组讨论、合作探究、开展项目的方式,培养沟通技能、团队协作精神和社交能力。这些能力不仅是学生开展合作学习的必然条件,其本身也是核心素养培育的重要内容。

核心素养导向的课程教学改革倡导多元评价体系的建构。核心素养的培育超越传统的知识技能导向的人才培养理念,最为关键的是能够以一种整体性的多样化的视角观照人的发展。核心素养本身的整体性、复杂性、多样性必然要求课程教学实施的过程中采用多元化的评价方式,包括项目评估、口头表达、作品展示等。这有助于全面了解学生的核心素养发展情况,提供有效的反馈。

核心素养导向的课程教学改革注重教育与科技发展和社会实践的整合。核心素养的培育是与时俱进的,要与时代发展相匹配。特别是在信息技术快速发展的整体背景下,要将教育科技融入核心素养导向的课堂教学中,提供多样化的学习资源和工具。通过在线学习、虚拟实验等方式,增强学生的数字素养和信息处理能力。同时,核心素养导向的教学注重将课堂知识与社会实践相结合,引导学生了解社会问题、参与社会活动,培养他们的社会责任感和全球视野。

核心素养导向的课程教学改革倡导持续的教师专业发展。教师是课程改革能否成功的关键群体,从核心素养培育的角度看,教师至少应该达到两方面的要求:一是从理念上厘清核心素养的内涵与价值;二是在实践上把握培养核心素养的有效的教学方法。因此,教师在核心素养导向的教学中需要不断更新教学理念和方法,保持专业素养,以更好地适应教育的发展和学生的需求。

（二）学科核心素养引领高中英语教学变革

　　核心素养作为一种课程教学改革和人才培养变革的重要价值理念，整体呈现在教育教学改革的理论研究和实践探索之中。这样的探索主要是从人类迈入 21 世纪大门之后开始的。如果说初期的探索更多的是一种自发的、零散的理性思考，那么自《中国学生发展核心素养总体框架》发布和高中、义务教育阶段"双新"改革明确提出学科核心素养的理念之后，对于核心素养导向的课程教学改革探索就被鲜明地赋予了时代价值和政策价值，具有了更坚强的法理性基础，成为探索课程教学改革不可回避的重要思想。

　　核心素养关注人的全面发展，强调基础性、普适性、整体性和跨学科性，是一种比较抽象的上位的课程教学和人才培养概念。其对课程教学改革实践的指导，更多地是一种宏观层面的引领。学科教学是教学的基本样态，也是培养学生核心素养的重要方式。每一门学科都有其独特的内容、特征、意义，对于核心素养的培育都能发挥其特定的价值与功能。但是任何一门学科也都难以独立地承载起培养学生全部核心素养的重担，这意味着对于学科教学而言，培养学生核心素养应该有所侧重。从这个角度出发，为了消解核心素养这一顶层培养目标与底层的学科教学实践之间的"疏离"，学科核心素养的概念和研究应运而生。整体上看，核心素养与学科核心素养之间应该是"全局与局部，共性与个性，抽象与具体"的关系，学科核心素养是核心素养体系的分解，是课程教学整体培养目标和具体学科教学实施之间的桥梁。如果说发展学生的核心素养需要在学校教育教学和人才培养中整体体现，那么学科核心素养就要求在学科教学中将与学科特性相匹配的具体素养进行落实。

　　按照《普通高中课程方案（2017 年版 2020 年修订）》（以下

简称"课程方案")的要求,2017年启动的高中"双新"改革,一个重要的突破就是凝练的学科课程标准,其价值在于建立核心素养与课程教学的内在联系,充分发掘各学科课程教学对全面贯彻落实党的教育方针,落实立德树人根本任务,发挥素质教育的育人价值。通过学科核心素养的凝练,明确了学生学习该学科课程之后应该达成的正确的价值观、必备品格和关键能力。对于英语学科而言,《普通高中英语课程标准(2017年版2020年修订)》(以下简称"课程标准")明确提出,普通高中英语课程具有重要的育人功能,旨在发展学生的语言能力、文化意识、思维品质和学习能力等学科核心素养,四个维度的核心素养构成了此次课程标准修订的最重要的价值理念,也形成了高中英语课程教学改革的重要指导思想。

学科核心素养概念的提出对学科教学改革的设计、实施和评价起到了一种具体的引领价值。对于高中英语学科教学而言,要更好地培养学生的学科核心素养,最核心的变化和要求主要体现在两个维度:其一是英语学科课堂教学的改革;其二是英语教师教学观念、理念和方式的转型。回归到具体的学科教学实践,教师要充分认识到学科核心素养的培育对课堂教学改革提出的新要求,认识到学科核心素养导向的课堂与传统的知识技能培养导向的课堂存在的差异,特别是要把握核心素养导向的英语课堂教学应该凸显的几个方面的要素与特征。

首先,英语课堂中培养学生的学科核心素养要有所侧重,这意味着培养学科核心素养不是不顾学科教学的内容与特点,贪多求全、面面俱到,而是要结合学生的学习特点、学习需要,认真分析英语教材文本的内容,把握每一份具体教学材料所蕴含的思想文化内容和关键语言结构,把握其对学生学科核心素养培育的关键支撑作用,在教学的设计和实施中进行有所侧重的设计。

其次,英语课堂中培养学生的学科核心素养要注意建构适于学生核心素养培育的情境。有意识地建构合适的情境,既是语言学习的本质要求,又是学生核心素养培育的基本条件。要真正培养学生的英语核心素养,教师就要充分利用真实的师生交流情境设计和有利于学生灵活运用知识解决实际问题的学习情境,引导学生将静态的学习与实际的问题解决进行融合,进而建构其核心素养。

再次,培养学生的学科核心素养要求英语课堂教学中加深互动性。互动既是语言学习的启动装置,也是进行情感沟通、文化交流、意义建构的过程,是学生核心素养积淀的有效手段。加深互动性,意味着教师在教学中要注重引导学生通过与文本的互动、与他人的互动、与自我的互动等加深对学习材料的理解,发挥学习材料的情感、道德、价值功能,进而帮助学生形成核心素养的积淀。

最后,核心素养的培育具有整合性,不能孤立地进行培养。因此,在进行英语学科教学的设计和实施中,要真正培养学生的核心素养,就要关注课程教学的整合性。这种整合既包括英语学习具体任务中"听、说、读、看、写"的整合,也包括不同学段、不同内容、不同主题的整合,从而更好地发挥英语课程的整体性育人功能。同时,注重整合也意味着英语学科与其他学科的有效贯通。教师可以通过一些跨学科性质的活动设计实现英语学科与其他学科的系统育人价值。

总而言之,学科核心素养的提出为高中英语课堂教学改革的实践提供了重要的价值引领。对于学科教学而言,很多时候教学任务是通过一些具体的教学活动来实现的。课程标准也特别强调,要树立起学生核心素养发展导向的英语学习活动观,倡导自主学习、合作学习、探究学习等学习方式,要求教师设计具有综合性、关联性和实践性特点的英语学习活动,引导学生通过学习理解、应用实践、迁移创新等具体的学习活动和学习行为,实现核心素养的有效培育。这意味着关注和研究英语学习活动的设计,既是落实核心素养和英语学科核心素养的内在要求,也是当前英语课程教学改革关注的重要内容。

二、高中"双新"整体推进的教改背景

普通高中教育,是学生在系统接受九年义务教育的基础上,为了进一步提升国民素质而进行的一种特殊阶段的重要的基础性教育,这一阶段的教育不仅能够为高等教育输送高质量后备人才,对学生终身发展、生命成长和国家高质量后备人才建设也具有重要意义。从中国教育改革发展的历史进程看,高中阶段的教育改革始终是教育整体改革的重要组成部分,也是广受社会关注的部分。任何主题的教育改革都蕴含着某些教育价值观以及教育思想逻辑的转型。近年来的普通高中教育教学改革相较以往的改革,更为根本性地触动了高中教育的原有的文化机理,旨在实现一种从"应试教育逻辑"向"素质教育逻辑"的转型,因而更富有深层次的价值。2017 年开始的高中"双新"改革作为这种逻辑的延续,则更深层次地推动了高中教育的理念、价值、方式转型,试图从落实立德树人根本任务的整体高度重构高中教育的实践路线。这种整体改革的设计与推进,也为我们审视高中英语课程教学改革提供了一种整体框架。

(一)高中"双新"改革的整体理念与价值

高中"双新"改革追求的是一种变与不变的内在契合,不变的是对高中教育落实立德树人根本任务的始终如一的追求,变的是通过育人方式的整体转型和优化,更有成效、更可持续、更完整系统地发挥高中教育的育人价值。这意味着高中"双新"改革引领的是高中教育领域课程、教学、管理、评价等方面的系统变革,但是其中的关键问题是育人方式的改革,理解高中"双新"改革的整体价值和理念,最为核心的就是把握其对于育人方式转型的整体设计和内在诉求。

首先,高中"双新"改革,凸显了立德树人的整体价值导向,要求从学生的立场审视高中教育,更好地发挥高中教育的"育人"价值。教育活动是有立场的,这种立场表征的是教育是"为了谁"。毫无疑问,学生是教育的原点,也是教育的归宿,教育的立场根本上来说就是学生的立场,这意味着育人方式的改革,必须坚持立德树人的价值导向,着眼"育人"这一核心命题。回归到高中教育领域,就是要全面落实习近平总书记关于培养担当民族复兴大任时代新人的要求,结合高中教育的学段特征,坚持核心素养的导向,注重学生发展的全面性、代际性、阶段性、个体性特征,借助信息技术的支持,真正做到关爱学生、研究学生、尊重学生、成就学生。特别是要跳出传统的、单一的学科知识传授导向,注重培养学生适应未来社会的核心素养与综合能力,真正打造"面向人人,适合人人,人人出彩,人人成才"的高质量高中教育体系。

其次,高中"双新"改革,凸显了教与学整体转型的实践诉求,要求建构起"大命题—大课程—大课堂"的系统联动的行动逻辑,更好地体现课堂教学对于核心素养的观照。"大命题"即育人方式改革要始终围绕教育"培养什么人,为谁培养人"的命题;"大课程"意味着要凸显课程建设在人才培养中的基础性价值,在国家课程方案的框架内设计具有学校特质的科学的课程体系,将"课程思政、思政课程、红色基因、传统文化"等有效融入,以课程的丰富性、选择性、开放性、系统性更好地发挥课程的立德树人价值;"大课堂"就是要转变过去课堂教学中过于注重知识传递的弊端,坚持基于课程标准的教学,围绕"素养导向,学科实践,终身学习,因材施教"的原则,坚持立德树人,深化教学改革,挖掘学习内容的育人意义。回归到具体的教学实践中,

"双新"改革要求高中教育通过开设多样化的课程和活动,鼓励学生积极参与实践、体验和创新,培养学生的创新思维、合作精神和实践能力;要致力于打破传统科目之间的壁垒,推行跨学科教学和综合活动,通过整合各学科的知识和能力要求,促进学科之间的相互融合和互补,提高学生的综合学习能力和解决问题的能力;要倡导学生的自主学习和实践能力培养,强调学生积极参与学习过程,发展独立思考、自主决策和解决问题的能力;要通过项目学习、社区实践等方式,让学生在实际应用中学习,培养他们的创新意识和实践能力;要鼓励学生培养创新精神和批判思维,注重培养学生的创造力、探究精神和批判性思维能力。通过开展创新实验、研究性学习等方式,激发学生对知识的好奇心和求知欲,培养他们主动思考和质疑的能力。

最后,高中"双新"改革,蕴含了对教师专业素养更高、更深层次的诉求,需要教师通过持续不断的专业发展建构起匹配"双新"诉求的教育教学理念与方式。高质量专业化的教师队伍是育人方式变革的主要依靠力量,教师能否树立起与"双新"相契合的课程教学理念,涵养起匹配"双新"的教学、管理和评价方法,在很大程度上决定着育人方式转型的成败。一方面,教师要有"大先生"的意识和追求,既精通专业知识,做好"经师",又涵养德行,成为"人师";另一方面,要通过高质量的校本教研、深度教研,着力提升教师适应"双新"改革和育人方式转型的教学素养,特别是要对跨学科学习、大单元大概念学习、项目式学习、综合实践学习、基于信息技术的教学评价等问题进行深入学习和探索,丰富教师适应育人方式转型的"技术"储备。

(二)英语"双新"落实的具体任务与要求

普通高中英语课程作为一门学习及运用英语语言的课程,与义务教育阶段的课程相衔接,旨在为学生继续学习英语和终身发展打下良好基础。"双新"改革提供了当下及未来英语学科教学改革的整体价值与引领,在具体的学科教学改革中,英语教师应该通过三个方面的协同努力,推进"双新"改革任务在学科教学中的落实。

1. 树立牢固的立德树人价值导向

从近年来我国课程教学改革的整体发展趋势看,立德树人作为教育的根本任务,日益成为引领课程教学改革的核心价值思想。高中"双新"改革的一个首要理念就是将落实立德树人根本任务的要求纳入课程改革的整体设计之中,成为引领课程与教学设计、实施和评价的最核心的思想。"立德树人"是一个系统性、整体性的要求,对于英语学科教学而言,落实立德树人根本任务就是要从完整的人的培养角度来认识英语学科教学的价值与要求,要跳出传统的过于注重知识传递、技能传授的教学导向,通过道德元素、情感元素、价值观元素、文化元素等与课程教学的融合,发挥学科教学的整体育人功能,特别是要着眼"有理想、有本领、有担当"的人才培养目标,结合英语学科教学的特点,充分发挥学科德育、课程思政功能,让英语学科教学在完成学科知识传授本体性任务的同时,着眼于更高层次的需求,更好地承担起综合育人价值。

2. 树立明确的核心素养培育意识

学科核心素养的提出是高中英语"双新"改革最为显著的特征与标识,学科核心素养作为核心素养在学科领域的具体体现,彰显了学科本质和教育价值,具有重要的课程与教学论意义。我国传统的高中英语教学,由于受到考试的压力,长期处于一种以知识和技能的传递为核心的样态之中,具有明显的工具化倾向,忽视了学生的整体培养。英语学科核心素养超越了知识与技能,是情感、态度、知识、技能的综合表现,体现了英语学科工具性与人文性的统一,是对我国英语教育中曾经过于注重双基训练而忽视对学生基本素养和心智发展培养的教育偏失的纠正。英语学科落实"双新"改革一个重要的要求就是要树立鲜明的核心素养培育意识。对于教师而言,首先要科学理解英语学科核心素养的内涵与价值,把握其与核心素养整体培育和英语学科教学之间的内在联系,明晰核心素养培育的课堂教学应该具有的基本特征和实践要求;其次,要着眼于人的全面发展,改变传统英语教学方式,着力探索基于整合学习的英语教学新模式,特别是要通过真实性问题、真实性学习情境等的创设,将英语学习与学生的现实生活、真实体验结合起来,让学生能够在真实的情境中,在具体的问题解决中学会综合运用知识,积淀核心素养;最后,也要形成与核心素养相匹配的教学评价和学生评价观,要根据学科核心素养的目标和内容建构科学的评价体系,既关注学生的语言知识、语言技能,又充分评价学生的情感态度、价值观、学习能力、思维品质、文化意识等,通过评价领域的改革为学生核心素养的培育提供保障。

3. 树立清晰的课程教学改革思想

高中"双新"改革的整体诉求体现在育人方式的变革之上。高中英语新课标也对英语课堂教学的设计、实施和评价提出了新的要求,不仅研制了学业质量标准,而且提供了教学指导。要实现育人方式的转型,最终需要落实到具体的课程教学设计实施之上,因此需要教师树立清晰而且坚定的课程教学改革思想,才能以此为引领,持续不断地探索与"双新"理念相匹配的英语教育教学方法。美国学者菲利浦·史克雷切蒂曾经总结了教师参与教育变革的几种显著角色,包括开拓者、先驱者、安于现状者、抵抗者和破坏者,生动体现了教师在教育变革中的不同样态。诚然,"双新"改革必然会在一定程度上打破教师原有的舒适区,但是这种打破无论对于学科教学、人才培养还是教师自身发展都是有积极意义的。因此,教师应该以开放主动的姿态拥抱"双新"改革,要通过积极的探索推动"双新"理念下的学科教学变革。在这一过程中,教师应该按照课程标准的要求,优化传统教学观念,注重对学生英语学习兴趣的培养;注重理论与实践的结合,引导学生通过课外活动延伸英语学习;倡导学生通过自我探索、自我尝试来提升英语学习的有效性;引导学生加强合作,培养学生的团队合作意识;充分重视学生学习的基础和差异性,通过信息化技术的运用、课外资源的拓展、教学方法的丰富等满足不同学生的英语学习需要。除此之外,对于教师而言,树立课程教学改革的主动意识还体现在着力探索如何有效落实"双新"理念提出的新的教学方法,特别是要充分结合英语学科的学习特点,探索项目式学习、跨学科学习、综合实践学习、单元整体教学等在课堂教学中的有效落实途径,通过主题鲜明、任务清晰的学习活动设计,让学生充分体验不同的学习方法,丰富其学习经历和体验,为学科育人价值的发挥奠定基础。

第二章

学科核心素养导向的高中英语学习活动思考

　　教育是助力人成长的事业,学生成长应包括身体在内的多方面发展,由此,教育本应是身体关涉与身体在场的,学生的具身参与是教育活动真正发生的原始逻辑。活动是人的基本生存载体,也是学习的基本方式。通过有效的学习活动设计,引导学生在学习过程中通过丰富的具身体验,在掌握学科知识的同时培育学科素养,实现全面发展,这是当前课程教学改革的题中之义。对于高中英语学科教学而言,课程标准提出了主题语境、语篇类型、语言知识、文化知识、语言技能和学习策略等六要素整合的英语课程内容以及指向语言能力、文化意识、思维品质和学习能力等学科核心素养发展的英语学习活动观,这为高中英语课程教学改革指明了新的方向。在现实的教育教学实践中,如何通过高质量的学习活动设计与实施,围绕学生学科核心素养的培育,将"六要素"课程内容统整于高效的学习活动之中,这是每一个英语教师应该认真思考和着力探索的重要命题。学习活动设计是课程教学改革领域的长久问题域,指向学科核心素养培育的学习活动设计观是高中英语"双新"改革滋生的新命题,这一命题既蕴含理论层面的认知更迭,也蕴含实践领域的行动变革。要在学科教学中真正有效开展学科核心素养导向的高中英语学习活动设计与实施,必须对这一问题形成理性而清晰的思考。

一、学科核心素养导向的高中英语学习活动研究回溯

（一）相关概念的界定

对于教育研究活动而言,概念的阐释和界定是基础性的,它关涉到研究者对于研究核心问题的理性认知,也是分析问题、建构问题解决之道的重要逻辑出发点。就本书写作关注的核心命题来看,对以下两个核心概念的界定是极为必要的。

1. 英语学科核心素养

描述和界定学生核心素养是世界教育改革浪潮中反复摸索与实践的产物,时至今日,培养学生的核心素养已经成为世界各国勾画未来人才培养路径,设计课程教学变革的共同出发点和价值导向。整体而言,尽管世界各国(地区)与一些国际组织对核心素养的理解和界定各有不同,但其中也蕴含着一些共同的认知:学生核心素养是从人的全面发展角度出发,体现促进人的全面发展、适应社会需要这一要求。核心素养的获得是为了使学生能够发展成为更为健全的个体,并为终身学习、终身发展打下良好的基础。核心素养突破了传统的单一知识、技能等为标志的人才培养观,更加强调学生能力与素质培养的综合性、系统性和应用性。要培养学生的核心素养,必然需要课程、教学、评价等领域的系统性变革。学科核心素养是核心素养体系在学科教学领域中的具体表现,是学科独特育人价值的凝练和表征。从这个角度出发,高中英语学科的教与学过程中,不仅要考虑学生应该学习哪些英语知识和技能,将来能够用英语做哪些事情,还要考虑学生能够通过课程学习其他哪些方面的知识,形成哪些关键技能和必备品格。高中英语学科核心素养正是学生核心素养体系在英语学科教学中的具体体现,是英语学科教学能够

承担的育人价值的凝练表达。根据课程标准的界定,高中英语学科核心素养主要由语言能力、文化意识、思维品质和学习能力四个维度构成。语言能力主要是指在社会情境中借助语言进行理解和表达的能力;文化意识强调培养学生的跨文化意识,包括对中外文化的理解和对优秀文化的认同;思维品质倡导英语学科的教学要承担起培养学生逻辑思维、批判性思维、创新思维等高阶思维能力的责任;学习能力则要求英语教学顺应终身学习理念,发展学生的英语学习能力。

2. 高中英语学习活动

学习活动是一个广泛的概念,指个人或集体通过阅读、听讲、研究、实践、讨论等手段,获取知识、技能、态度和价值观的过程。一般而言,学习活动通常有明确的目标,可以是掌握特定的知识、技能或改善某种能力;学习往往涉及与他人或信息的互动,可以是教师、同学、书本或网络资源;在学习过程中,学习者需要反思自己的学习过程和结果,以促进理解和内化;学习是一个终身的过程,不仅限于学校的教育阶段;学习活动可以采取多种形式,包括正式教育、非正式学习、自主学习等;学习活动往往伴随着某种形式的评估,以衡量学习者的进步和成就;学习活动可以在不同的情境下进行,学习者的动机是推动学习活动的重要因素,它可以是内在的(如好奇心、个人满足感)或外在的(如奖励、社会认可)。严格意义上说,学习活动并非一个严谨的学术命题,它与教学活动、教学策略、教学方法、教学行为、教学流程、学习行为、学习策略等都有内在的交叉。试图以"学习活动"来统括,更多的是表达对学生学习的一种价值立场。本文所指的学习活动是一种建立在活动学习理论基础上的,以具体的活动为载体的教学设计与实施方法。活动理论自诞生之日起,就与以"知识本位""教师中心"等轻视学生主体活动,忽视学生主体地位,注重灌输式教学为主要特征的传统教育产生了极大的对抗,更加倡导学习过程中对于学生主体地位的认可与尊重。从这个意义出发,高中英语学习活动是一种以活动为载体的教与学形态,优化高中英语学习活动设计是解决当前高中英语"教学内容碎片化"和"为考试而教"等问题的路径之一,也是促进学生学科核心素养有效培育的重要方法。

(二)现有研究的结论与启示

自核心素养和学科核心素养的概念提出以来,如何培养学生的核心素养就成为了课程教学改革研究的重要领域。

从概念上说,核心素养是指在 21 世纪社会发展中,个体应具备的关键能力和品质,包括批判性思维、沟通能力、合作精神、创新意识等。在核心素养培育的整体背景下,教育的目的不再仅仅是知识的传授,更重要的是培养学生的核心素养,以适应快速变化的社会和经济需求。从现有的研究看,核心素养的概念在不同国家和地区有不同的定义,但普遍包含以下几个方面:认知能力,如批判性思维、解决问题的能力;人际交往能力,如团队合作、领导力;个人品质,如责任感、自我管理能力;价值观念,如道德观、社会责任感等。

核心素养的培育是一个系统工程,课程教学改革是培养学生核心素养的有效方式,核心素养导向的课程教学改革是核心素养研究领域最为重要的内容。大量研究指出,核心素养的培养需要通过课程教学来实现。这意味着课程设计应当围绕核心素养的目标进行,具体的课程教学改革策略包括整合性课程、项目式学习、个性化教学等。课程教学中培养学生的核心素养,必然需要依赖教学方法的创新,研究者们指出,探究式学习、翻转课堂、技术融合等维度的教学创新有助于培养学生的核心素养。评价领域的改革是核心素养导向的课程教学改革的重要内容,也是研究者们普遍感到困难的领域。大量研究指出,评价学生的核心素养不能仅依赖传统的笔试,而应采用多元化的评价方式,比如注重过程性评价、表现性评价,注重多元主体共同参与的评价体系建构。在这一过程中,研究者们也倡导,通过信息技术支撑的精准评价实现评价对于学生核心素养培育的积极价值。

教师是培养学生核心素养的关键,因此在核心素养导向的课程教学改革中,教师的专业发展同样重要。要鼓励教师不断学习新的教学理念和方法,参与教学研究,提升教学实践的科学性,要促进不同学科教师之间的交流和合作。当然,在实施核心素养导向的教学中,存在一些挑战,比如,如何合理分配教学资源以支持核心素养的培养,教师在实施新教学方法时可能面临的额外工作量等。

总体而言,核心素养导向的课程教学是教育改革的重要方向,它要求教育工作者重新思考教育的目的和方法。通过创新课程设计、教学方法、评价体系和教师专业发展,更有效地培养出适应21世纪社会发展需求的人才。

对于高中英语学科而言,培养学生的英语学科核心素养是"双新"改革以来学科教学研究与实践的重要领域。研究者们提出,英语作为我国基础教育的重要学科,承担着培养学生学科核心素养的重要责任。基于这种基本的价值认知,研究者们分析了当前高中英语教学中存在的与学生核心素养培育相背离的问题,比如教学理念滞后,忽视学科的育人价值;教学内容碎片化,缺乏有意义的整合;教学方式表层化,缺乏对主题意义的深层探究;对思维能力的培养不够重视;忽视形成性评价,为考试而教等。针对上述问题,研究者们指出,应实施"素养本位"的英语教学,在主题意义引领下整合教学内容,开展致力于问题解决的深度学习,改进教学评价,发展在线学习,以此建构契合核心素养培育的英语学科教学范式。

在核心素养导向的课程教学改革中,发自学习活动观的学习活动设计被认为是促进学生核心素养培育的有效的教学方法。从现有的相关研究看,活动理论及其倡导的学习活动观,强调学习者是学习的主体,以及作为主体的能动性;强调以学习者的兴趣、需求、能力、经验作为教育的出发点,重视学习者的学习兴趣和直接经验,让学习者成为自己学习活动的主人,鼓励学习者通过自主活动和主动学习获得身心和谐发展。活动理论使教学在观念上发生了根本意义的变革,在活动理论的倡议下,教育要促进学生的主体性发展,就必须首先让学生作为主体去活动,在活动中完成学习对象与自我的双向建构,使对象性活动内在的教育价值转化为学习者实际发展水平。这与强调核心素养培育的教与学转型有内在的契合。

梳理现有的关于学习活动和核心素养培育的相关研究,可以形成如下三个维度的基本认识。

首先,发展学科核心素养是学习活动的目的。学习活动是学校教育教学过程中学生自主参与的,以学生学习兴趣和内在需要为基础,以主动探索、变革、改造活动对象为特征,以实现学生主体能力综合发展为目的的主体实践活动。学生通过能动地卷入学习活动,获得一种较为稳定的、并能对其个体行为产生决定作用的心理特征和行为倾向,它表现在英语学科上,则为英语学科核心素养。

其次,学生能动地参与学习活动是发展学科核心素养的有效机制。学习活动作为一种特殊的社会实践活动,是学生认识世界和改造世界的基本方式。学生通过能动地参与英语学习活动,在亲身经历和完成相关学习任务的过程中,核心素养得到提升。

最后,教师能够而且应该通过设计学习活动来促进学生学科核心素养发展。学科核心素养的发展机制表明,在教学活动中,教师教导作用的发挥并不能直接作用于学生身上,而是通过作用于学生的活动间接影响学生的学科核心素养发展。因此,英语学习活动设计是教师作用于学习活动的基本手段,反映了英语学科教师的存在价值。

上述三个方面的基本认知,既体现了高中英语课程教学改革中学生核心素养培育与学习活动设计的内在逻辑关系,也在法理上论证了英语学习活动的有效设计对于培养学生学科核心素养的价值,这实际上也是本书撰写的基本依据和逻辑出发点。

二、学科核心素养导向的高中英语学习活动设计原则

原则是指在特定领域或情境中,用来指导行为或做决策的基本真理或法则。它们通常是抽象的、普遍适用的,并作为评估和判断事物的标准。原则可以是道德的、法律的、哲学的,或者是某个特定学科或活动中的指导准则。原则对于个人和社会都非常重要,因为它们帮助我们建立一个稳定和有序的生活和工作环境,指导我们做出合理和一致的决策。学科核心素养导向的高中英语学习活动,尽管主题围绕学习建构,但其在本质上也从属于教学的范畴。教学是一种兼具科学性和艺术性的活动,科学性意味着在教学设计与实施的过程中对于一定原则的遵循是有客观必要性的。自从夸美纽斯把教学原则作为教学论的重要范畴以来,它就受到了来自多方研究者的关注。从现有的研究来看,一方面,教学原则是规范性知识,即有关教学行为的标准、准则方面的知识,对于教学的过程具有规范和引导价值;另一方面,教学原则是发展中的知识,即教学原则具有发展性、变化性,需要结合课程教学改革的趋势和教育对象的代际特征,结

合具体的学科教学内容,对教学原则进行动态设计和及时更新。

根据学科核心素养培育的现实需要,结合学习活动的内在属性,笔者认为,学科核心素养导向的高中英语学习活动设计应该凸显以下四个方面的基本原则。

（一）素养导向的原则

任何学习活动的设计都要有明确的目的性,不同的教学目标和任务导向决定了学习活动中不同的主题、内容和风格。毫无疑问,核心素养导向下的高中英语学习活动设计,最根本的主题和价值导向应该在于学生核心素养的培育。这意味着在设计英语学习活动的过程中,首先应该树立核心素养的价值导向,要通过学习活动的设计,整合高中英语学习的单元内容、课时内容,把英语学习活动中的各部分、各方面和各因素联系起来,考察其中的共同性和规律性,发挥其协同育人价值。在具体的学习活动设计中,一方面,要认识到学习活动的目标导向是具有实践性和活动性的,要指向学生英语学科核心素养的发展,体现学生基于英语学科学习建立的学科思想、方法和价值观念;另一方面,要认识到在学习活动的过程中,要体现核心素养的培育价值,就要改变教师单向度的灌输式教学,在教师的有效引导下,让学生通过丰富的感知、体验,参与学习的全过程,获得真实性的成长。同时,教师也要通过一些具体任务的设计,让学生在解决问题的实践中检验学习成效,提升核心素养。

（二）以生为本的原则

核心素养导向的高中英语学习活动设计,本质上是一场适宜于高中新课程改革和学生核心素养培育的教学变革。教学变革需要充分考虑变革主体的感知和有效参与。近年来,随着课程教学改革的深入,教育领域对于"以人为本"的理念已经形成共识,但是这种共识更多地是在思想层面,而在实践之中如何唤醒学生对教育改革的积极参与,保障课程教学改革中的学生利益,依然是一个需要持续探索的命题。教育改革,从宏观的国家教育改革,到中观的地区教育改革,再到微观的学校教育改革、课堂教学改革等,最终都会影响到学生,但是当下的教育教学改革常常将学生视为承受教育改革效果的客体,而忽视学生作为一个主体所能发挥的积极作用。在这样的基本现实下,要发挥核心素养导向的高中英语学习活动设计和实施在人才培养中的积极价值,就要树立更加清晰的学生立场和学生主体意识。这意味着,一方面,教师在设计实施英语学习活动的过程中,要充分了解学生的成长需要,特别是学科学习需要,通过充分的学情分析,让设计的学习活动更加匹配学生的代际特征和成长需求,进一步提升学生参与学习活动的积极性;另一方面,要认识到高中学生已经具有了相应的独立意识和思维水平,不能仅仅将其作为课程教学改革的客体,要通过多样化的路径和方法,充分听取他们对于英语课程教学改革和英语学习活动的建议和意见,让学生真正成为课程教学改革的重要参与力量。这种参与不仅有助于发挥课程教学改革中学生的主体价值,其本身也是培养学生学科核心素养的有效方法。

(三)关联融合的原则

高中"双新"改革背景下的学习活动,其主要的价值指向不是单一的知识点,而是要根据学生核心素养培育的现实需要,打通学科内部甚至学科之间的知识壁垒,统合不同学习阶段的具体内容和任务,通过关联融合的方式,发挥学科教学的整体育人价值。因此,关联和融合的原则,应该成为核心素养导向下高中英语学习活动设计必须遵守的重要原则。从概念上说,关联性指事物间的相互联系与相互制约。英语学习活动的关联性在活动内容、任务和评价等方面都应该有所体现,在具体的学习活动设计过程中,教师要清晰地认识到,首先,在英语学习活动过程中,学生所作用的对象是承载着不同主题意义的语篇。语篇在表层上由语言构成,在深层上由文化内容构成,并通过一定的结构,将语言与文化融合在一起;其次,语篇学习活动是学生课堂语言实践的重要载体,学生以英语为中介,完成任务、习得语言;最后,英语学习活动设计应将评价设计置于活动目标设计与活动过程设计之间,用科学的、多元的评价方式驱动教与学,将评价贯穿于教学全过程,努力实现教、学、评的一体化。如果说关联主要观照的是学习活动设计过程中各环节的系统联动,那么融合,则着眼于更完整的人的培养,借鉴跨学科的理念,要求英语教师在学习活动的设计中,既围绕英语学科自身教学的需要,也能够通过跨学科资源的引入,发挥学科融合的育人价值。自20世纪20年代以来,跨学科的理论和实践研究一直在发展,不少学者对跨学科进行了多角度的研究,真正的跨学科不是把两种学科拼凑起来,而是思想和方法的结合,这一理解方式已经得到了普遍认同。跨学科学习的理念进入教育领域已经不是一个新命题,但是采用怎样的理念和思路建构跨学科学习的实践体系却是一个值得持续研究的领域。通过学习活动的设计,以任务驱动的方式帮助学生建立起知识与现实世界的联系,促进学生综合运用多学科知识,提高他们解决实际问题的能力,这是高中英语学习活动要真正体现学生核心素养培育价值必然遵循的原则。

(四)便于实践的原则

核心素养导向的英语学习活动设计本质上是一种教学方式的创新,其价值的实现需要落实到具体的学科教学活动之中。学习活动的设计要为课程教学目标的实现服务,要凸显学生核心素养培育的价值,同时又不能给学生增加额外的学习负担。因此,学习活动的设计不是对原有课程教学理念过程的彻底否定和重构,而是要遵循便于实践的原则,既发挥师生两个维度的改革积极性,也不脱离学科教学应有的内容、价值和导向。要体现便于实践的原则,一方面,在学习活动设计的过程中要体现出实践性的诉求。教师要认识到,首先,英语学习活动作为一种特殊的社会实践,理应为学生提供掌握"何以为生"的知识与技能,以及理解"为何为生"的生活意义的双重机会。其次,一个真实的英语学习情境,能巧妙地整合时间和空间等诸要素于具有教育性价值的问题场域之中,驱动学生主动参与学习活动。最后,一个高效的英语学习活动是由一系列具有内在逻辑关联的操作序列构成,每一时序的出现都是基于特定条件而做出的最优抉择,因而其设计必须反映学生的学习心理逻辑,匹配思维层次,促进分工合作,体现学习目标进阶;另一方面,要着力提升教师适应"双新"改革的课程教学理念与素养,特别是提升教师有效设计学习活动的能力和水平。教师要认真研读课程标准,要了解学习活动设计的内涵、本质、类型,要学会结合学科教学的不同内容灵活选择学习活动的具体样态,并在教学的过程中学会融会贯通地使用。

教有法,但无定法。上述四个方面整体呈现了"双新"改革背景下学科核心素养导向的高中英语学习活动设计与实施的基本原则。这种整体性的原则建构有助于教师把握学习活动设计的整体方向和规范,但是教师要认识到,以活动为载体的学习方式与传统的讲授式学习相比,更加注重学习过程中对象和动机的协商与转换,重视不同观点和声音的碰撞,以及对有效学习情景的设计,更加重视学生的具身参与和活动与实践载体的拓展,是一种更加灵活、开放、多样的学习方式,也必然要求教师在实践中更主动地思考学习活动设计的原则和方法,形成自身对于学习活动设计与实施的具身感知,从而进一步丰富和提升英语学习活动设计的样态和实践成效。

三、学科核心素养导向的高中英语学习活动关键环节

教学是一个前后相继的完整过程,是一个由不同环节组成的系统性、整体性行为。教学环节即教学活动中链锁式结构的组成部分,体现了教学过程中各组成部分之间的前后衔接。教学环节不是教学系统过程中的拆解,它寓于整个教学过程之中,是教学发展的标识,赋予教学过程意义与价值。教学环节体现教师对教学过程的设计和谋划,能够影响学生的课堂学习投入,因而能够对有效教学产生积极价值。核心素养导向的英语课程与教学,是一种系统性的变革,其核心是重构教与学的理念与过程。核心素养的形成机制决定了教学过程必须以学生的学习为中心。无论是教学设计还是教学活动,都要以学生的学习活动为主线,要从学习活动观的视角重新审视课堂教学设计的合理性和有效性,确保整个教学过程服从于学生学习活动的组织开展。要实现这一过程和价值导向,最为关键的是要将培养学生核心素养的意识落实到学习活动设计的关键环节。

(一)活动目标的设定

英语教学中学习活动的设计是一种有目的、有意识的专业性活动,活动目标的设计是体现出学习活动思想和价值的关键环节,也是指向核心素养培育的英语学习活动设计与实施的基础性环节。活动目标定义了学习者参与特定学习活动后应达到的具体成果,学科核心素养则为学习活动目标的设计提供了基本依据。对于英语学习活动的设计而言,最为关键的是,要通过

合理的目标设定,将学科核心素养具体化,让教师做到"教有依据",让学生做到"行有方向"。同时,在目标设计的过程中,要注重把学习目标外化于评价任务,引导学生通过解决具体问题,把学习行为目标不断加以对照,审视自己的学习成果,让学习不偏航。除此之外,要把目标梯度呈现,符合学情,目标设计要针对不同类学生的具体情况,激励学生取得最大发展。

(二)活动内容的厘定

学习活动不是一种无组织、无价值的零散性活动,要围绕学科教学目标的实现和学生核心素养的培育科学拟定活动的内容。从某种意义上讲,有效的活动内容设计是学习活动真正承担起核心素养培育价值的关键要素。英语教学中的学习活动设计,在活动内容的拟定上要注意三个体现:一要体现课程标准的要求。高中"双新"改革之后,基于标准的课程教学逐渐成为课程实施的重要价值导向,英语学习活动的设计不能跳开课程标准,要围绕课程标准设计的主题、内容进行组织,让学习活动成为落实学科课程标准的有效方式;二要体现英语学科的特性。英语学科具有重要的人文性特征,工具性和人文性的统一是英语学科的重要属性。英语学科四个维度核心素养的界定,实际上也呈现了这门学科独特的育人价值和育人要求。英语教学活动中的学习活动设计要体现英语学科的学科属性,引导学生在丰富的活动中感知外语学习的魅力,体会不同文化的理解与融合,提升自己的跨文化沟通能力,坚定文化自信;三要体现当代高中学生的精神风貌和代际特征,要注重从学生生活的现实场域中寻找活动资源,将英语学科学习与学生的现实生活进行有效关联,通过生活性、开放性、实践性的活动内容遴选,建构学生英语学习和现实生活的融通桥梁,激发学生参与学习活动的兴趣。

（三）活动形式的选择

作为一种契合当下课程教学改革的教学样态,学习活动的设计与实施蕴含着极大的丰富性,这种丰富性首先体现在学习活动的多种实践形式上。学习活动的形式多种多样,可以根据学习者的需求、学习内容的性质、学习环境和教学目标来进行选择。常见的学习活动形式有:讲授式(教师通过讲解的方式传授知识,这是最传统的教学方式)、互动式(鼓励学生参与讨论,通过问答、小组讨论等形式增加互动性)、案例分析(通过分析具体的案例来理解理论和概念)、实验操作(通过实验操作来验证理论知识)、模拟演练(模拟真实场景,让学生在模拟环境中学习和练习)、角色扮演(学生扮演不同角色,通过角色扮演来理解不同的观点和情感)、自主学习(学生根据自己的兴趣和节奏,独立选择学习内容和方式)、合作学习(学生分组合作,共同完成学习任务,培养团队合作能力)、翻转课堂(学生在课前通过视频等材料自学,课堂上进行讨论和深化理解)、项目式学习(通过完成一个项目来整合和应用知识,强调实践和创新)、在线学习(通过网络平台进行学习,如直播课程、在线视频、互动论坛等)、混合学习(结合线上和线下的学习方式,取长补短)、体验式学习(通过亲身体验来学习,如野外考察、社会实践等)。教师要根据不同的学习内容合理确定活动的形式,特别是要将新课标强调的大概念学习、单元整体学习、项目式学习、跨学科学习等学习理念融入学习活动的设计之中。同时,教师要认识到,每种学习活动形式都有其优势和局限性,应根据具体情况灵活选择和组合使用。对于不同的学习活动形式,教师不仅要了解这些活动形式的特点和应用规范,也要注重通过学习支架的搭建,帮助学生更好地适应不同学习形式下的自主学习。在不同类型的学习活动设计与实施中,教师要基于学生的动态水平适时创设情境任务,组织开展学习,把"目标任务"转换成"问题式"的评价任务,作为启迪学生思维的脚手架,借助"互助式"学习方式,引导学生"反串、研讨、问答",体现"以教定学"的理念,逐步建构成为"问学"课堂。同时,借助"激励性脚手架"推动学生学习,促进小组竞学有效、高效。让指向核心素养的学习有深度、有梯度、有效度。

(四)活动评价的设计

评价是完整的学习活动设计中不可获缺的环节,也是检验和保障学习活动设计与实施成效的重要环节。2020年《深化新时代教育评价改革总体方案》颁布之后,如何着眼立德树人的教育根本任务,建构更具真实性、发展性、增值性价值的学生评价体系,越来越受到关注。特别是从学生核心素养培育的角度看,更加迫切地需要破除传统评价中过于注重甄别选拔功能的局限,更好地着眼学生核心素养的培育和终身发展,建构一种体现深度学习、有效学习和核心素养培养需求的评价体系。对于高中英语教学中的学习活动设计而言,要开展有效的活动评价至少要在三个维度上进行探索:一要让评价任务与学习目标高度吻合。目标明确后,再设计相应的学习情境和学习活动,有针对性地设计教学路径和方案,促进学生思维进阶;二要保障评价任务必须"让学生明白"。评价任务要符合不同学情,凸显"任务内容、任务要求和评价量规"三个方面;三要建构多维度、多样态的评价任务。倡导"大任务"评价,着力从课前探究性任务到课内研究性、开放性、挑战性任务评价,再到课后的实践性、项目式的作业任务评价,让"评价任务"贯穿学习的全过程,做到课中、课外一体化考虑,课外评价与作业、社会实践、研究性学习等相结合,以促进学生深层次的学习。

第三章

学科核心素养导向的高中英语课堂学习活动设计

让核心素养真正落地,是践行新课程方案和新课程标准的根本要求。核心素养的落实与落地最根本的呼唤是学科教学与课堂教学在理念和方式上的转型,在这种转型中最关键的是突破传统课堂教学中过于注重静态的知识传递的导向,倡导通过丰富的活动设计提升课堂教学的综合性、实践性,及其对核心素养培育的有效支持。正如本书第二章所言,学习问题是涉及人的发展方式和发展过程的根本问题。学习活动是由学习的内在过程、活动结构,以及学生作为发展主体的学习者形象、学习投入和学习体验等方面综合体现的发展性活动。以学习活动的设计推动学科教学变革,丰富课堂教学的实践样态,是核心素养导向的课堂教学变革的题中之义。

回归到英语学科教学的改革发展,从活动课程理论的视角出发,英语学习活动是英语课堂教学的基本组织形式,是落实课程目标的主要途径。设计开展学科核心素养导向的英语课堂学习活动是教师教育观念的更新,更是课堂教学改革的实践。

一、课程标准对学习活动设计的要求

传统的教学,其程序设计和内容选择往往是根据教师的经验确定的,这种基于经验的教学价值取向容易导致个体因素诱发的课程实施中的局限和偏颇。在课程教学改革的推进过程中,课程标准成为引领改革的重要政策和依据,基于标准的教学成为课程教学改革的流行范式。要推动核心素养导向的课堂教学改革,必须树立清晰的课程标准意识,对课程标准中学习活动设计的相关要求及其蕴含的理念有清晰的把握。课程标准提出了指向学科核心素养发展的英语学习活动观,将活动作为课堂教学的基本组织形式和培养学生英语学科核心素养的有效路径。

课程标准指出,指向学科核心素养发展的学习活动观是实现英语学科育人目标的有效路径,活动是英语学习的基本形式,是学习者学习和尝试运用语言理解与表达意义,培养文化意识,发展多元思维,形成学习能力的主要途径。从概念上说,英语学习活动观是指学生在主题意义引领下,通过学习理解、应用实践、迁移创新等一系列体现综合性、关联性和实践性等特点的英语学习活动,基于已有的知识,依托不同类型的语篇,在分析问题和解决问题的过程中,促进自身语言知识学习、语言技能发展、文化内涵理解、多元思维发展、价值取向判断和学习策略运用。这一过程既是语言知识与语言技能整合发展的过程,也是文化意识不断增强、思维品质不断提升、学习能力不断提高的过程。

（一）从学生视角对英语学习活动观的理解

学生的英语学习内容,也就是英语课程内容,是发展学生英语学科核心素养的基础,包含六个要素:主题语境、语篇类型、语言知识、文化知识、语言技能、学习策略。主题语境为学生的语言学习提供话题和语境;语篇类型为学生的语言学习提供文体素材;语言知识是构成语言能力的重要基础;学生基于语篇所开展的学习活动即是基于语言技能,理解语篇和对语篇作出回应的活动；文化知识是学生形成跨文化意识、涵养人文和科学精神、坚定文化自信的知识源泉；学习策略是学生形成自主学习和终身学习能力的必备条件。

　　这六个要素是一个相互关联的有机整体(见图1)。具体而言，所有的语言学习活动都应在一定的主题语境下进行，即学生围绕某一具体的主题语境，基于不同类型的语篇，在解决问题的过程中，运用语言技能获取、梳理、整合语言知识和文化知识，深化对语言的理解，重视对语篇的赏析，比较和探究文化内涵，汲取文化精华；同时，尝试运用所学语言创造性地表达个人意图、观点和态度，并通过运用各种学习策略，提高理解和表达的效果，由此构成六要素整合、指向学科核心素养发展的英语学习活动观。

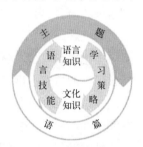

图1　六要素整合的英语课程内容

（二）关注意义探究的有层次学习活动

　　美国学者迪·芬克提出学校课程设计的一个重要原则是创造有意义的学习经历。按照芬克的理解，要大幅度提高教育质量，教师必须成为学习经历的设计者而不是教书匠。芬克指出解决现存问题的方法之一是寻求有效途径来为学生提供有意义的学习经历，而在一种具有强大影响力的学习经历中，学生会主动投入到学习之中，并伴随着学习的活力。从某种意义上说，有意义的学习本质上表现为一种基于真实性问题的探究学习、体验学习，它很难通过静态的知识传递为导向的教学进行落实，而体现核心素养培育价值的学习活动设计则是打造有意义学习，彰显英语学习活动观本质和理念的可行思路。

　　英语学习活动观的核心就是以培养学科核心素养为目标，以学生为主体，通过一系列相互关联、循环递进的活动，围绕问题的解决,开展意义的探究,促进学生在语言能力、文化意识、思维品质和学习能力等方面的融合发展,是一种契合有意义学习理论的教学思维和方式。

课程标准明确指出,英语学习活动的设计应以促进学生英语学科核心素养的发展为目标,围绕主题语境,基于口头和书面等多模态形式的语篇,通过学习理解、应用实践、迁移创新等层层递进的语言、思维、文化相融合的活动,引导学生加深对主题意义的理解;帮助学生在活动中习得语言知识,运用语言技能,阐释文化内涵,比较文化异同,评析语篇意义,形成正确的价值观和积极的情感态度,进而尝试在新的语境中运用所学语言和文化知识,分析问题、解决问题,创造性地表达个人观点、情感和态度。

可以看到,这一系列循环递进的活动主要可以分为学习理解、实践应用和迁移创新三大类型。学生通过学习理解类活动(主要包括感知与注意、获取与梳理、概括与整合等基于语篇的学习活动),获取、梳理、整合信息,建立主题引领下的信息关联,形成新的知识结构;通过应用实践类活动(主要包括描述与阐释、分析与判断、内化与运用等深入语篇的学习活动),逐步实现对语言知识和文化知识的内化,巩固新的知识结构,促进语言运用的自动化,将知识转化为能力;通过迁移创新类活动(主要包括推理与论证、批判与评价、想象与创造等超越语篇的学习活动),加深对主题意义的理解,形成个人的认知和观点,联系实际,基于新的知识结构,综合运用语言技能,进行多元思维,创造性地解决陌生情境中的问题,理性表达观点、情感和态度,体现正确的价值观,实现深度学习,促进能力向素养的转化。

(三) 在实践中落实英语学习活动观

从本质上说,学习是指向人的发展的实践活动,学习具有实践属性。通过实践,学习主体得以将内部活动与现实世界和自我认知相联结,从而促进内部思维与外部行动的动态循环与互动。联合国教科文组织认为"学习是特定环境中的多方面现实存在","现实存在"所指的就是实践活动,特别是认知实践、道德实践、文化实践、审美实践、生命实践。从活动理论的视角理解学习,无疑会更加凸显学习的实践属性。将学习活动的设计与学生的实践、体验、感知等相联系,在实践操作中落实英语学习活动观,是英语学科教学中学习活动设计的应有之义。

回归到课程标准中的界定,课程标准明确提出,在学习活动观指导下,所有的英语学习活动在实际操作中,都应该体现综合性、关联性和实践性等特点,这也符合语言学习的特点。所谓综合性,就是学习活动要通过创设语境,将语言知识和文化知识的学习相融合,将语言学习和语境、语篇、语用相融合,将知识、技能和策略相融合,将语言、思维、文化相融合。总之,要通过学习活动,将课程内容的六要素形成有机整体,使学习过程既是语言知识与语言技能整合发展的过程,也是文化意识不断增强、思维品质不断提升、学习能力不断提高的过程。所谓关联性,就是学习活动要将所学内容和学生已有的知识和经验建立关联并产生意义,将零散的知识建立关联并形成结构,从易到难,由浅入深,逐渐达成学习目标。所谓实践性,就是学习活动必须强调以学生为主体,通过学生的主动参与来发展语言能力,培养文化意识,发展多元思维,形成学习能力,这样的学习活动才真正有实效。

体现综合性、关联性和实践性的学习活动,可以激发学生的求知欲,让学生更有兴趣、更有热情地投入对问题的解决,在学生经历理解、分析、判断、综合、质疑、评估、创造等一系列深度学习的过程中,引发学生持久思考和持续探究,使学习活动中不仅有知识的学习和技能的运用,还有问题的解决、策略的调整和思维的迁移,这样才能承载落实核心素养导向的目标。

二、课堂学习活动设计要点与案例分析

高中英语的育人价值是通过具体的语言学习逐步实现的。在这个过程中,学生基于主题和语篇,主动参与语言实践活动,运用各种学习策略,学习语篇呈现的语言和文化知识,分析、理解主题意义并使用所学语言进行思考、表达和交流,逐步发展语言能力、文化意识、思维品质和学习能力等英语学科核心素养。

因此,教师在课堂上要通过有效设计和组织学习活动,将语言知识转化为学生的语言运用能力,帮助学生正确理解和表达意义、意图、情感和态度。在高中英语课堂学习活动的设计中,教师要关注以下要点,以便更好地落实英语学习活动观,促进学生的学科核心素养发展。

(一)探究主题意义为核心

主题语境是培育和发展英语学科核心素养的主要依托,是引领教学目标制订与学习活动开展的关键。学生对主题意义的探究是学习语言的最重要内容,会直接影响学生对语篇理解的程度、思维发展的水平和语言学习的成效。教师应以探究主题意义作为设计课堂学习活动的核心,围绕主题意义,整合学习内容,从学生已知出发,将主题与学生建立有意义的密切关联,同时引领学生从多元视角深化对主题的理解和认识,全面提升学生的学科核心素养。

1. 从学生已知出发,建立密切关联

学习是建立在已有知识和经验的基础上的,当学生主动将新信息嵌入已有的知识结构,不断改变和丰富认知,学习才真正发生。教师在设计课堂学习活动时,要从学生已知出发,调动学生已有的基于该主题的经验,将探究主题意义与学生的生活建

立密切关联,激发学生的关注和兴趣,让学生发现要学习的内容对自己有用、有意义,激励他们主动参与学习活动。只有当学生积极主动参与到探究过程中时,深度学习才会真正发生。

【案例一】

教材版本	高中《英语》(外研版)
单 元	必修三 Unit 3 The world of science
主题语境	人与社会
话题内容	科学领域作出贡献的人物和科学精神
课 型	Developing ideas（Reading）
授课时长	1 课时

本单元属于"人与社会"主题语境,围绕作出贡献的科学家们以及科学精神的话题展开。本语篇是 Developing ideas 板块的一篇题为 *Franklin's Experiment: How much is true?* 的论述文,讨论了关于富兰克林做的闪电实验是真是假的问题。学生通过阅读富兰克林的实验故事以及科学家们对这个故事的质疑,批判性地讨论和思考该故事的真实性,体会科学家保持质疑、钻研分析和执着求真的精神,增强批判意识,提升批判性思维能力,逐步养成质疑求真的学习态度。

活动简述:

Activity 1　Identify the scientist

Activity objectives:

(1) Lead into the topic by activating the prior knowledge about

some famous scientists；

（2）Arouse the interest in the passage.

Step 1：T tells 4 stories and asks Ss to guess which scientist the story is related to.

Story 1：The scientist was sitting under an apple tree. Suddenly an apple fell on his head and this led him to come up with the theory of gravity. （Newton）

Story 2：The scientist raised a kite with a piece of string tied to it. A metal key was attached to the string. A flash of lightning hit the kite，and electricity was conducted through the string to the key. He then touched the key with his finger and got an electric shock. In this way，he proved that lightning was a form of electricity. （Benjamin Franklin）

Story 3：While taking a bath，the scientist noticed that the water level rose when he got in. He was so excited that he ran down the street naked shouting "I found it!" His principle explains why ships float and why hot-air balloons rise.

（Archimedes）

Story 4：One day，the scientist observed steam from a boiling kettle. Inspired by that，he spent years working hard and finally improved the steam engine. （James Watt）

Step 2：T asks Ss when they learnt the stories and what they think of the scientists.

分析说明：

这是语篇学习的读前导入活动。教师讲述的这四个科学家的小故事都是学生已知的，学生可以很快通过故事猜出相关科学家的姓名。教师再通过请学生回忆自己是什么时候了解到这些故事的,并谈谈自己对这些科学家的印象和评价,充分地调动学生已有的关于这些科学家的知识和介绍这些科学家的相关语汇,也为语篇中相关语言知识的学习做好前期铺垫和准备。

Activity 2　Discuss the questions

Activity objectives:

(1) Cultivate questioning awareness and critical thinking;

(2) Arouse the interest in the passage.

　T asks Ss whether they believe the stories or not. Whether Ss believe or question the truth of the stories, T asks Ss to tell reasons.

分析说明:

　学生根据这些耳熟能详的故事要猜出是哪个科学家并不难,但他们平时很少会去想这些故事到底是真是假的问题。因此,教师通过提出判断故事真伪的问题,并请学生谈谈自己判断的依据,引发学生对已知事物形成新思考,以此激发学生的兴趣,使这一问题与学生学习产生密切关联,让学生带着问题进入语篇的深度阅读和学习。这个活动本身也是学生亲身体验"质疑求真"的学习过程,可以引导学生逐渐深入对"保持质疑求真的精神"这个主题意义的认识和理解。

【案例二】[①]

教材版本	高中《英语》(上外版)
单　元	选必三 Unit 1 Fighting Stress
主题语境	人与自我

---

① 本案例由市西中学赵晶晶老师提供。

（续表）

话题内容	健康的生活方式、积极的生活态度
课　型	Reading A
授课时长	3 课时

　　本单元属于"人与自我"主题语境，以不同类型的语篇介绍了压力，并多角度地提出应对方案。其中，Reading A 是一篇题为 *Stress* 的说明文，语篇采用小标题形式，以"What is stress?""What causes stress?""What to do when feeling stressed?"三个问题为小标题，依次介绍并说明了压力的定义及症状，造成压力的原因及分类，以及该如何面对和缓解压力等方面的内容。学生通过语篇的学习，理解生活中适度压力对人的激发作用以及过度的压力对人身心健康的负面影响，从而形成客观看待并面对压力的积极态度，提升健康生活的意识。

活动简述：

Activity 1　Answer a questionnaire
Activity objectives：
（1）Activate prior knowledge and some related expressions about stress；
（2）Reflect upon stress and its sources.

　　Ss answer an online questionnaire about stress based on their real life.

Questionnaire on stress

1. Have you ever experienced stress in your life?

A. yes　　　　　　　　　　B. no

2. What has worried you most?

A. family life   B. schoolwork

C. friendship   D. appearance

E. others _____

3. What aspects have worried you concerning family life?

A. arguments or fights   B. family's safety

C. sick family members   D. financial problems

E. others _____

4. What aspects have worried you concerning schoolwork?

A. school rules   B. being called on in class

C. homework   D. tests or grades

E. presentations in class   F. others _____

5. What aspects have worried you concerning friendship?

A. fitting in   B. making friends

C. being teased or bullied   D. what to talk about

E. others _____

6. Choose worry symptoms you have ever experienced.

A. fast heartbeat

B. sweaty hands

C. feeling sick to your stomach

D. having trouble eating or sleeping

E. having a stomachache

F. having a headache

G. having trouble concentrating

H. sleeping or eating too much

I. having trouble remembering things

J. having butterflies in your stomach

K. others _____

7. Choose the way you have ever tried to deal with stress.

A. getting enough sleep

B. eating healthy food

C. doing some relaxation exercise

D. listening to music

E. talking with trusted adults

F. eating delicious food

G. shopping online

H. others _____

分析说明：

这是整个单元学习的导入活动，也是 Reading A 阅读课第一课时的导入活动。教师利用语篇中的相关语汇，结合学生的生活实际，以问卷的方式呈现出来，引导学生通过完成问卷，自然而然地把即将学习的内容与生活实际产生关联，基于已有的相关生活经验，引起对话题的关注。学生完成问卷的过程，也是将已有经验和相关语汇进行初步关联的过程，为之后语言知识的进一步建构和运用打下了基础。

Activity 2 Talk about the questionnaire result

Activity objectives：

(1) Arouse interest in the passage；

(2) Activate reflection upon the extent to which stress affects our life；

(3) Raise awareness of the importance of dealing with stress properly.

Step 1：T shows the result of the questionnaire.

Step 2: Ss talk about what they think and how they feel about the result.

学生发言片段:

Student A

According to the result of the questionnaire, I find that for us high school students, most stress comes from schoolwork. It seems that we are all worried about the results of the exams. Honestly, I feel a little relieved after knowing them, because I realize that I am not alone. Stress is common among us.

Student B

Actually I didn't expect that over 50% of my classmates feel stressed because they don't know what to talk about with friends. I don't understand. I think chat will never stop between friends if we want. I have so much to talk about with my friends. Therefore, I want to tell my classmates: if you need any help, I am willing to share my topics with you.

Student C

I find that about 34% of my class, including me, have experienced trouble sleeping due to too much stress. After entering high school, I tend to feel stressed. Eating can help relieve my stress, but it also makes me fat, which causes more stress. I think it necessary for us to learn some other better ways to deal with stress.

分析说明:

在这个活动中,教师引导学生通过观察和比较问卷的结果,进行主动思考,既认识到压力的存在是普遍现象,也发现不同的人会有不同的压力源,从而能够客观看待自己生活中的压力,形成对待压力的正确态度,对学习压力缓解方法的重要性也有了感知和认识,产生积极寻找问题解决方案的动力,以此激发学生学习的积极性,引导学生围绕主题意义主动参与学习和探究,推动深度学习的发生。

2. 丰富学习体验,关注多元视角

教育源于人类的生活经验,在其诞生之初就是经验传递的过程,但是在学校教育日益发达的今天,人们惊讶地发现,教育越发展,人类离纯粹的、鲜活的、真实的经验却越远,这不仅使教育活动很多时候远离了学生的生活世界,也在很大程度上消弭了教育教学活动的育人成效。要发挥活动的育人价值,很重要的思维方式就是通过主题性活动的设计和实施来引导教学活动回归“直接经验”,让学生在丰富的体验和感知中实现深度学习、有效学习,从而为核心素养的积淀提供可能。主题承载着文化,渗透着情感、态度和价值观,通过语篇传递文化内涵、价值取向和思维方式。教师在设计课堂学习活动时,要挖掘特定主题所承载的文化信息和发展学生思维品质的关键点,充分利用多模态语篇,运用多模态手段,更真实、全面地丰富学生体验,促进学生对主题意义的理解;同时要关注多元视角,鼓励学生通过讨论不同观点、比较中外文化等方式,培养逻辑思维和批判性思维,体验不同的生活,丰富人生阅历和思维方式,树立正确的世界观、人生观和价值观。

【案例一】①

教材版本	高中《英语》(上外版)
单 元	必修三 Unit 2 Arts and Artists

---

① 本案例由风华高级中学胡颖珏老师提供。

（续表）

主题语境	人与社会
话题内容	艺术家及其代表性作品
课　　型	Viewing
授课时长	1 课时

　　本单元属于"人与社会"主题语境,围绕艺术与艺术家的话题展开。其中,介绍齐白石及其作品的语篇,从作品主题、风格和象征意义表达等方面,介绍了艺术家及其作品的结构特征。Viewing 板块的语篇是艺术家鲍勃·迪伦的歌曲作品 *Blowin' in the Wind*,这首歌曲属于美国民俗音乐作品,以反战为主题,歌词分为三部分,分别描述了战争前、战争中和战争后的生活场景,同样运用了 themes/subjects, styles and symbolic messages/artistic expression 等手法,还使用了大量反复、尾韵、象征等修辞手法。语篇以多模态方式呈现,是一段以多幅与主题意义相关的配图为背景的完整歌曲演绎视频,旋律优美,传达着作者强烈的情感和反战的情绪。

活动简述:

Activity 1　Make a prediction
Activity objectives:
（1）Raise interest in the viewing material with the aid of pictures;
（2）Predict the theme of the song based on non-verbal cues.

Step 1: Ss watch *Blowin' in the wind* in silent mode and try to memorize as many subjects as possible mentioned in the video clip.

Step 2: Ss predict the main idea of the song and tell their reasons.

分析说明：

活动一是视听说板块的视听前学习活动，教师运用单视觉资源，通过播放视频默片的方式，引导学生读懂图片，基于图片信息，预测语篇的主题。丰富的图片可以对学生的视觉感官产生刺激，使学生身临其境，对战争与和平分别给世界带来的景象有更直观的感受，促进学生对主题的感知和理解，有助于实现引导学生理解主题意义，形成对世界和平的正确认知态度等教学目标。

Activity 2 Arrange the pictures in the right order

Activity objectives：

(1) Activate the knowledge of the structure of the song to arrange the jumbled pictures；

(2) Deepen the understanding of the message the song conveys with the aid of pictures.

Step 1：Ss listen to the song and look at some pictures taken out from the video clip.

Step 2：Ss place the pictures in the correct sequence based on the song and tell their reasons.

分析说明：

活动二是视听说板块的视听中学习活动，在这个活动中，教师综合运用了视觉和听觉资源，丰富学生的感受和体验。通过让学生边听歌曲边给图片排序的活动，教师引导学生在深入感知语篇主题的基础上，借助图片信息的先后顺序，感知和理解语篇呈现主题意义的结构和逻辑。

Activity 3 Find the literary devices

Activity objectives：

（1）Appreciate the song from the perspective of literary devices;

（2）Deepen the understanding of the song.

Step 1：Ss listen to the song and read the lines synchronously. Ss figure out in what way Bob Dylan expresses his ideas and feelings so well.

Step 2：Ss find what literary devices are used by using the table below for reference.

Literary devices	Example/Explanation
Repetition	
End rhyme	
Symbolism	

分析说明：

　　活动三是视听说板块的视听中学习活动,教师充分运用了音乐节奏、韵律等多模态资源,对学生的听觉感官形成刺激,让学生产生情感共鸣,同时引导学生对照歌词语言,感受和理解艺术家使用的反复、押韵、象征等艺术手法。学生通过学唱歌曲,进一步体会运用艺术手法对于传递信息、表达情绪的作用,从而感受作品魅力,增进对艺术家的了解。

Activity 4　Introduce the artist

Activity objectives：

（1）Appreciate the song and deepen the understanding of the theme by viewing;

（2）Introduce Bob Dylan by applying the information collected from the song.

Step 1：Ss appreciate the video clip again and learn to sing the song together.

Step 2：T invites Ss to think，"If you are going to introduce Bob Dylan to your classmates，what content are you going to include in your introduction and in what way will you present it?"

Step 3：Ss work in groups to introduce Bob Dylan and organize the content in the form of chart.

分析说明：

活动四是视听说板块的视听后学习活动，教师创设情境，让学生以小组合作方式，借助表格或示意图等多模态手段，梳理、整合学习内容，综合运用语言知识和语言技能，从不同角度来介绍艺术家，并对此表达自己的观点、态度和情感。

可以看到，在上述四个学习活动逐步推进的过程中，教师充分利用了多模态语篇，根据学习内容，通过不同感官形式的刺激，借助图片、节奏、韵律、音乐、图表等多模态资源，全方位促进学生对主题意义的理解和正确认知的形成。同时，教师依托多模态语篇对不同感官造成的感受，引导学生从多个角度感受和理解主题意义，促进学生多元思维的发展。

【案例二】

教材版本	高中《英语》（上教版）
单　元	选必一 Unit 1 Feeling good
主题语境	人与自我

（续表）

话题内容	生命的意义与价值
课　型	Reading and interaction(Reading)
授课时长	3 课时

本单元 Reading and interaction 板块的语篇题为 *Is chocolate the answer?*，围绕"什么使人真正幸福"展开讨论。文本承载了相当多值得思考和探讨的内容，包括促成幸福的因素有哪些，金钱是否真的能使人幸福，获取和给予哪个更使人感到幸福，善举与幸福的关系，健康与幸福的关系等，在真实生活中，不同的人对这些问题的答案可能都不一样。

活动简述：

Activity　Evaluate the statements

Activity objectives：

（1）Think from different perspectives and talk about the understanding of happiness；

（2）Reflect upon happiness and the real-life meaning.

Step 1：Ss read the following statements from the passage and pick the one they agree with the most.

1	Prosperity is not the main reason for happiness.
2	Deep, long-lasting happiness comes from intangible things.
3	Health is a key contributor to happiness.
4	A person who gives is happier than one who takes.
5	Happiness depends on recognizing the things you have and appreciating them.

Step 2：Ss discuss with their partners and complete the Students' Worksheet.

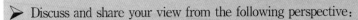

Students' Worksheet

➢ Discuss and share your view from the following perspective：

　(1) You are a high school student who is preparing for *Gaokao*.

　(2) You are a 90-year-old university professor.

　(3) You are a migrant construction worker.

　(4) You are a 3-year-old toddler.

　(5) You are an employee working in a big company.

　　If you happen to know someone who is similar to one of the above roles，you are encouraged to share your view from that person's perspective. You may use the information from the text when needed. Exchange ideas with your partners and see whether they support you or not.

The role you choose	The statement you agree with the most	Your reason(s)

分析说明：

　　本活动是 Reading and interaction 板块第一课时的读后活动，属于应用实践类活动。教师引导学生结合不同身份的背景特征和生活体验，从不同视角对语篇中的观点进行思考和讨论，并根据表达的需要对文本信息做进一步梳理和整合,用新的结构开展描述、阐释、分析、判断等活动,逐步内化语言知识和文化知识,同时也丰富对人、对生活的认知体验。教师通过组织学生交换想法,还能引导学生发现不同的人对同一个问题的理解和思考是不一样的,从而学习从不同角度,辩证地思考不同想法背后的价值取向和丰富多元的思维方式,逐渐形成正确的价值观念和积极的情感态度。

（二）引导能力进阶为关键

学习和发展的过程是在已有的基础上逐渐向上建构的过程,语言能力、文化意识、思维品质和学习能力的发展都是循序渐进的,学习活动的设计也必须遵循这个规律。教师在设计和开展学习活动时,要围绕主题,依托语篇,创设真实、有效的情境,让学生通过感知、理解、分析、应用、批判、创新,在层层递进的分析和探究中,在运用语言、思维、能力来解决问题的过程中,实现学以致用,综合发展。

1. 创设真实情境,解决实际问题

学习在本质上是高度情境性的,脱离了情境,真正的学习就无从发生。只有在真实的情境中,围绕主题意义探究,通过分析问题和解决问题的综合实践,学生才会发现学习内容的意义与价值,才会主动投入学习,从而不断提升能力和素养。因此,教师设计课堂学习活动时,要创设尽量真实、有效的情境,让学生通过主动参与和亲身实践,进行探索、总结和反思,分析问题并找到解决问题的答案和方法,在综合实践活动中,逐步实现知识的内化,巩固新的知识结构,在面对新问题的时候可以学以致用,达到能力提升和素养培育的效果。

【案例一】

教材版本	高中《英语》(上教版)
单 元	选必二 Unit 2 Digital humans
主题语境	人与社会
话题内容	社交媒体与信息安全
课 型	Reading and interaction（Reading）
授课时长	3 课时

　　本单元属于"人与社会"主题语境,围绕社交媒体和信息安全的话题展开。Reading and interaction 的语篇 *A day in the life of a digital human* 是一篇数字日记,主人公宋丽丽是一个青少年,她按照时间顺序,记录了自己一天中使用社交媒体的行为和习惯,包括从早到晚较频繁地查看和使用社交平台、网络上的形象焦虑、网络欺凌现象、在网上透露个人信息和生活细节、网络交友等;针对每一段记录,心理学家米娅都有一段行为背后的分析。

活动简述:

Activity 1　Fill in the table

Activity objectives:

（1）Retrieve information concerning online behavior;

（2）Associate the text with real-life experience;

（3）Reflect upon the reasons behind online behaviors and the appropriate online behaviors.

Step 1: Ss read the text and fill in the first column.

Step 2: Ss identify the similar behaviors they have in life. Then they fill in the second column and tell the reason behind the behaviors.

Step 3: Ss evaluate the online behaviors and express their view in the last column.

Song Lili's online behavior	Do you have the similar behavior? Give your reasons.	Your view

分析说明：

　　活动一是 Reading and interaction 板块第一课时的读中活动，教师引导学生在通读全文过程中，寻找与宋丽丽网络行为相关的信息，填写表格。教师通过引导学生关联自身，思考自己生活中有没有相似的行为，将学生不断地带入到生活情境中，引导学生结合自己的行为，思考宋丽丽网络行为背后的原因及其安全隐患，再对此做出自己的判断。本活动围绕主题语境，依托语篇，引导学生通过关联和思考，逐渐形成对社交平台使用和网络安全的感知和认识。

Activity 2　Draw a structure map

Activity objectives：

（1）Recall information concerning online security；

（2）Use a structure map to sort out related expressions.

Step 1: T asks Ss to read through the text.

Step 2: Ss work in groups to summarize all the aspects people should be careful about using social media and draw their own structure maps with the key information from the text.

Step 3: Ss think of their own online behaviors and add more information to the structure maps if needed.

Step 4: Ss share the structure maps with the class.

分析说明：

活动二是 Reading and interaction 板块第一课时的读后活动，教师引导学生通过总结归纳网络行为和网络安全涉及的几个方面，对主题意义下的语篇内容形成结构化的理解，同时，让学生再次关联自己的生活情境，对结构图中的内容信息进行补充。在活动过程中，教师还引导学生通过运用分析和归纳等手段，培养归纳信息和结构的认知策略。

Activity 3   Role-play a situation
Activity objectives：

(1) Reflect upon the proper online behavior；

(2) Discuss the potential online risks；

(3) Apply online security tips in practice.

Step 1: Ss watch a video about what a high school student does on social media.

Step 2: Ss act as the student's best friend and role-play the conversational situation based on the Students' Worksheet.

Students' Worksheet

If you were the best friend of the student in the video. What would you say to him? What you would say should include：

（1）reminding him of the proper or improper behaviors on social media；

（2）showing your understanding；

（3）offering some suggestions.

You may use the following patterns：

I notice that ...

To be honest，I understand the reasons why...

However，...

分析说明：

活动三是 Reading and interaction 板块第一课时的读后活动，教师通过让学生观看一段视频，并作为视频中主人公的好朋友，为视频中主人公不妥当的网络行为提出改正建议，使学生更真切地进入情境，分析问题并思考解决问题的方案。学生可以基于新的结构，综合运用相关知识和信息，创造性地解决新情境中的问题，理性地反思不良的网络行为，表达关于网络行为的观点和态度，提升网络安全意识，在对主题意义的深度理解中，实现能力和素养的转化。

【案例二】

教材版本	高中《英语》(上教版)
单 元	选必一 Unit 3 Paying the price
主题语境	人与社会
话题内容	不同民族文化习俗与传统节日

（续表）

课 型	Cultural focus（Reading）
授课时长	1 课时

本单元属于"人与社会"主题语境，围绕现代商业发展对社会和文化所产生的影响展开，其中 Cultural focus 板块是一篇议论文 *Traditions for sale*，探讨传统节日在商业发展影响下所发生的变化。作者通过三大传统节日商业化的具体案例，引发读者思考传统节日是否应该被商业化，并表达自身观点，即传统节日的重要价值在于和所爱之人在一起，而非将节日变为人们花钱的借口。作为议论文，作者开门见山，导语部分就使用反问句结尾强化个人观点，促使读者深思。而在三个案例描述中，作者都采用了节日庆祝方式今昔对比的手法，并在每段结尾描述了人们对此现象的对立态度。三个传统节日案例描述的语言表达相对客观，将思考权交给读者。

活动简述：

Activity Create a festival event plan

Activity objectives：

（1）Discuss events for the celebration of a Chinese festival；

（2）Cultivate reflection upon cultural significance.

Step 1：Ss finish Students' Worksheet in groups to create their own festival event plan.

Students' Worksheet

Directions：

The local community is going to hold an event called *Traditions to Revive* to celebrate a traditional Chinese festival with a local company as the sponsor. The community is calling for bidding for a festival event plan. Your submitted plan will be reviewed by the community center directors and the sponsoring company. (The business of the company may vary as you need.)

You may choose one festival from the following list：

a. the Double Ninth Festival

b. the Lantern Festival

c. the Dragon Boat Festival

d. the Mid-Autumn Festival

e. the Spring Festival

f. others _____

To win the bidding, you need to make clear your understanding of the festival and your reasons for the celebration activities.

The Event Plan for _____

- Target participants：
- Aim：
- Time & place：
- Activities and details：

Activity	Details	Reasons

Step 2：Ss present their event plan to the class.

学生成果例选：

The Event Plan for <u>the Double Ninth Festival</u>

- Target participants：<u>Community residents, commercial partners</u>

and volunteers

- Aim: To promote the Double Ninth Festival, a traditional Chinese holiday known for its emphasis on filial piety and respect for the elderly, while also introducing community members to its rich cultural heritage.
- Time & place: The weekend before the festival; the Community Square
- Activities and details:

Activity	Details	Reasons
A lecture on the Double Ninth Festival	Invite experts to explain the origin, customs and traditions of the festival.	To deepen community members' understanding of its significance.
A poetry reading	Organize a poetry reading open to community residents and volunteers. The winner will be given a special gift from the sponsor.	To foster an appreciation for traditional culture.
Filial piety activity	Organize activities such as providing free haircuts and blood pressure checks for elderly community members.	To promote the idea of filial piety and respect for the elderly.
Traditional food exhibition	Display traditional Chongyang Festival foods such as Chongyang cakes and chrysanthemum wine.	To allow residents to taste traditional flavors.

- Other important information：Provide a platform for the sponsors to promote their products like the traditional food or healthcare products.

分析说明：

　　本活动是 Cultural focus 板块的读后综合实践活动,属于迁移创新类活动。教师通过创设竞标传统节日庆祝方案这一综合实践活动,让学生面对真实问题,通过合作探究等方式,运用批判性思维和创新思维,理性表达自己的观点和态度,从而对传统节日的意义和价值以及商业化带来的影响进行更深层的思考,形成新的认知。学生在活动中将文本中学习到的节日庆祝方式与节日内涵等知识迁移到真实情境中。要完成活动任务,学生们不仅要理解传统节日的文化内涵,还要思考如何在商业环境中既保持节日文化精髓,又在保持传统的基础上进行创新。这一创新可能涉及活动形式、内容、宣传策略等多个方面,比如如何适当使用商业元素吸引更多参与者等。

　　2. 整合学习内容,逐层循环递进

　　学习不是一蹴而就的,需要遵循感知、理解、运用的过程,才能达成思维和能力的提升。教师要认真研读和分析语篇,通过把握主题意义、挖掘文化价值、分析文体特征和语言特点及其与主题意义的关联,设计整合学习内容的课堂学习活动,还要注意层层递进,环环相扣,通过各环节的不断推进,助力学生将知识转化为能力,将能力转化为素养,在学习过程中不断进阶提升。

【案例一】①

教材版本	高中《英语》(上外版)
单　元	必修三 Unit 2 Arts and Artists

---

① 本案例由市西中学张蒙老师提供。

（续表）

主题语境	人与社会
话题内容	绘画领域的代表性作品和人物
课　型	Reading A
授课时长	3 课时

　　本单元围绕艺术与艺术家的话题展开。Reading A 文本改编自《中国日报》介绍故宫"清平福来"齐白石特展的文章，标题为 *People's Artist*。文本介绍了齐白石作品的特点与风格。学生通过学习这篇课文，可以感受中国一代绘画大师的作品魅力与个人魅力，增进对中国艺术大师的了解，从而更加关注与热爱中国艺术，愿意介绍中国艺术，传播中国文化。

活动简述：

Activity 1　Fill in the table

Activity objective：

Locate the details about features of Qi's paintings that help distinguish his works.

Step 1：T invites Ss to think about the question：If you are going to introduce a painting，what aspects of it can you introduce?

Step 2：Ss read the text and fill in the table.

Themes	Styles	Symbolic meanings/messages

分析说明：

本活动是阅读板块第一课时的读前和读中活动，属于阅读理解类活动。第一步，教师围绕主题创设情境，铺垫语言，引导学生思考并讨论介绍绘画作品时需包含的要素，如绘画作品的对象或主题、绘画风格、作品的象征意义等，从而在语境中激活与绘画作品相关的词汇；第二步，教师请学生通过快速浏览，定位关键词，获取主要信息，然后细读语篇，找到各个方面的相关信息，通过表格进行梳理并整合，使之结构化。通过对相关信息的梳理，学生熟悉并学习本课特有的语言表达方式。这个活动让学生可以了解如何通过几个基本要素来赏析和判断画作。

Activity 2 *Observe and distinguish*

Activity objectives：

（1）Apply the features of Qi's paintings in practice to distinguish his works；

（2）Compare different artworks.

Step 1：Ss observe some pictures and tell which one was created by Qi Baishi；

Step 2：Ss explain why they make such a judgement.

分析说明：

活动二是阅读板块第一课时的读中活动，属于应用实践类活动。教师展示若干绘画作品，引导学生使用观察、比较和总结等学习策略，依据活动一中梳理和概括的结构化知识，运用所学的语言表达方式，判断出哪些是齐白石的绘画作品，并阐释判断的依据，内化所学语言知识。

Activity 3 *Discuss the title*

Activity objectives：

(1) Understand *People's Artist* as the title;

(2) Reflect upon the message of the text by evaluating the title.

Step 1: T asks Ss to discuss the meaning of the title *People's Artist* and evaluate Qi Baishi's artworks and his artist spirit in groups.

Guiding questions:

1) What kind of artist can be called People's Artist?

2) What do you think are the qualities of "People's Artist"?

Step 2: Ss answer the questions.

分析说明：

活动三是阅读板块第一课时的读后活动,属于迁移创新类活动。教师让学生在理解全文的基础上,围绕语篇标题思考"人民艺术家"的特质,从而更好地理解文章的主旨和作者想要传递的情感和态度。教师通过引导学生讨论语篇标题,不仅让学生再次回顾语篇的主要内容,还加深了学生对艺术家热爱生活和传播文化之举的理解。

Activity 4　Plan an exhibition

Activity objectives:

(1) Make a plan for the promotion of Chinese paintings;

(2) Reflect upon effective ways to introduce the artist and his works;

(3) Cultivate cultural confidence.

Step 1: Ss read and discuss the given scenario:

You are planning a promotional exhibition with your classmates for an icon in the field of Chinese painting. Discuss in groups to make a plan for the exhibition and share it with the class. You should discuss and decide which artist to promote, how to display the works and how to promote the exhibition.

Step 2：Ss finish the task.

分析说明：

　　活动四是阅读板块第一课时的读后活动,属于迁移创新类活动。教师创设了真实的情境,引导学生基于主题与内容进行分析评价,并在新的语境中开展想象与创造,运用所学语言分析问题、解决问题。

　　本示例中的四个学习活动层层递进,始终围绕主题意义,指向学习目标来开展。学生通过学习,了解中国的绘画艺术,学会用英语介绍中国绘画艺术;通过对中国绘画作品的了解和欣赏,学生领略中国艺术家的魅力,感受艺术创作的持久生命力与活力,体会这种致力于创作的精神给世界艺术带来的影响和价值,从而产生对中国艺术家的敬仰,能够充满自信地传播和介绍中国艺术。学生在夯实语言知识的同时,增强了鉴赏能力和文化自信,提升了思维品质,也提高了学习能力。

【案例二】①

教材版本	高中《英语》(外研版)
单　元	选必二 Unit 3 Times change!
主题语境	人与社会
话题内容	社会变迁与生活方式的改变
课　型	Understanding ideas（Reading）
授课时长	3 课时

---

①　本案例由市西中学张逸老师提供。

本单元属于"人与社会"主题语境,各板块从不同侧面呈现了经济和科技发展下社会生活发生的巨变。Understanding ideas 板块的语篇 *A new chapter* 是一篇记叙文,讲述了一家经营了五十年的老式书店在电子书和连锁经营模式冲击下面临生存危机,后又经过创新性的改造而得以继续运营的故事。作者以该书店忠实顾客的身份,从第一人称视角记叙了书店起死回生的故事,并表达了从一开始的惋惜和遗憾,到最终的赞叹与欣喜之情。语篇的标题 *A new chapter* 既概括了文中书店的命运,又反映了时代的变迁,在引起读者共鸣的同时发人深思。

活动简述:

Activity 1　Complete mind maps

Activity objectives:

(1) Focus on the features of a narrative by analyzing how the events are unfolded;

(2) Locate the details about the author's feelings that help understand the events.

Step 1: T asks Ss to read the passage and complete the mind map below to show how the events develop. The first event has been done as an example.

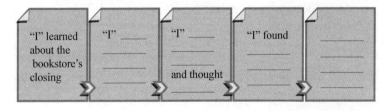

Step 2: T asks Ss to underline the words, expressions or sentences in the passage that show the author's feelings. Ss use

their own way to illustrate how the author's feelings change and then explain to the whole class.

学生成果例选：

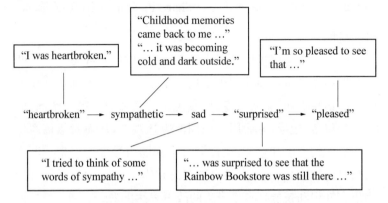

分析说明：

活动一是阅读板块的读中活动,属于学习理解类活动。教师引导学生梳理语篇的故事线和相伴随的作者的情感变化。在活动过程中,教师通过让学生基于对记叙文文体特征的了解,运用记叙文相关阅读技巧,以图表的形式,按时间线叙事的特征组织梳理关键信息,厘清并理解语篇中的一连串事件的发展逻辑,并识别作者的情感变化。

Activity 2　Answer the questions

Activity objectives：

（1）Retrieve and categorize the information from the passage；

（2）Reflect upon and discuss the changes of bookstores in real life.

Step 1：Ss use the words and expressions from the passage to answer the first question and exchange their answers with their partners.

　　Question 1：Do you prefer the old bookstore or the new one in the story? And why?

Step 2：Ss think about the second question and share their answers with the class.

Question 2：Is there an old store that you know or often go to that has undergone changes? Share its story with the class.

分析说明：

活动二是阅读板块的读中活动,属于应用实践类活动。两个问题帮助学生从线性叙事中抽离出来,抓取与主题意义相关的核心信息点,并联系自身,生成观点。教师通过第一个问题,让学生思考、生成,并运用主题词汇表达观点,从而对语篇产生更深层次的理解和思考;通过第二个问题引导学生探索主题意义与自身的联系,关注自己身边有关时代变迁的故事,并综合运用语言知识和技能把自己身边的故事表达出来。

Activity 3　Make a poster

Activity objectives：

(1) Make a poster to analyze the changes of campus life；

(2) Apply the related expressions in practice；

(3) Reflect upon changes in life.

Step 1：Ss work in groups and identify one aspect of campus life that they think should be changed to keep up with the times.

Step 2：Ss use the format below for reference and make a poster to present their ideas.

We want to change_____	
Changes to make： ● … ● …	Reasons： ● … ● …

分析说明：

活动三是阅读板块的读后活动，属于综合性的迁移创新类活动。教师通过创设新的情境，帮助学生进一步探索语篇的主题意义，并进行创造性的表达。开放性的任务使学生的新旧语言知识和技能得到进一步的融合，同时学生也在创造性表达的过程中锻炼了思维能力。

综上，可以看到，在这节阅读课中，教师在语篇研读的基础上，整合了学习内容，包括：对语篇主要内容的理解，对语篇文体特征的认识，对作者写作目的以及情感、态度和价值观的识别，在主题语境中运用已有和新获取的语言知识和技能表达观点和态度，以及在新创设的语境中继续探索主题意义并进行创造性的表达，并设计了层层递进的学习活动，逐步达成目标。

（三）学习评价活动为贯穿

评价的目的是促进英语学习，改善英语教学，完善课程设计，监控学业质量。课程标准指出，要着重评价学生的学科核心素养发展状况，以核心素养的内涵与水平划分为依据，涵盖教学内容的各个方面，体现学业质量的指标要求，对教学过程实施有效监控，对学习效果进行适时检测。因此，教师要改变只重视阶段性评价的做法，更需要关注贯穿学习过程始终的日常评价。在评价时，教师要根据学生学科核心素养发展的要求确定评价内容与标准，通过英语活动实施各种评价，注重评价的多样性和合理性，通过评价使学生在英语学习过程中不断体验进步与成功，认识自我，建立自信，调整学习策略，促进学生英语学科核心素养的全面发展。

1. 融入学习过程的评价活动

英语学习活动强调以学生为主体的整合性学习，对英语学习的评价也应体现英语学习活动观的理念和主题、语篇、语言与文化知识、技能、策略等各维度的表现。评价应贯穿整个学习活动过程,教师要把评价活动融入课堂学习活动的各个环节,通过各种使学生思维外化的方式,对学生综合运用语言的行为表现和学科核心素养的发展程度进行综合考量,把握学生在相关学习目标方面的达成程度以及学生后续学习应注意的关键问题。

【案例】①

教材版本	高中《英语》(上外版)
单　元	选必三 Unit 1 Fighting Stress
主题语境	人与自我
话题内容	健康的生活方式、积极的生活态度

该单元主题是"Fighting Stress",Reading 部分有两个阅读语篇,Reading A 是说明文,文本采用小标题的形式,以问题为引领,从压力的症状、定义、原因,以及如何应对压力等方面阐述说明心理压力的相关问题;Reading B 同为说明文,文本形式相似,引导学生利用文本中的标题和问题,掌握相关的阅读技能,内容聚焦青少年焦虑,涉及个体差异、过度焦虑,最后给予具体建议,引导青少年建立积极的生活态度;Grammar 部分聚焦动词不定式作主语和表语,要求学生运用所学语法知识,围绕心理压力这个话题,在语境中使用语言知识进行有效交际;Listening,Viewing 和 Speaking 部分有所关联,Listening 部分的主题是如何应对学习压力,从教育者、学生和 APA 组织等三个角度提出了不同的解决方案;Viewing 部分涉及压力与健康之间的关系,

---

① 本案例由市西中学张逸老师提供。

引导学生认识到压力是不可或缺的人生组成,关键是如何正确应对;Speaking 部分要求学生在视听的基础上,使用有效的视觉方式来提升自己的表达能力;Critical Thinking 部分要求学生运用所学知识进行案例研究;Writing 部分是给面对心理焦虑的同学写一封建议信;Further Exploration 部分聚焦青少年心理问题,要求学生以小组为单位,设计一份调查问卷。

　　基于分析,教师将本单元的语篇素材部分进行整合,部分课时安排如下:

课　时	内　容	课堂教学目标
第一课时	Reading A	1. 运用文本小标题,了解文本主旨大意,查找段落关键信息; 2. 了解心理压力的定义、产生的原因和应对措施; 3. 理解并能在常见语境中运用主题语境相关的目标词汇。
第二课时	Reading A + Listening	1. 准确表达自己的压力水平、成因等; 2. 从听力语篇中了解更多应对压力的方法; 3. 能运用与主题语境相关的目标语汇,给他人提出压力应对方面的建议。
第三课时	Reading B + Viewing	1. 听懂调查报告大意,了解压力和健康之间的关联; 2. 了解识别及应对过度焦虑的方法,建立积极态度来面对和应对压力。
第四课时	Writing	1. 了解建议信的基本格式和语言特征; 2. 准确描述焦虑及其症状,分析其原因; 3. 运用恰当的语言提供应对压力的建议。

作业设计：

为了更好地评价学生的学习过程和成果，教师为每课时分别设计了如下作业。

作业一：

在第一课时学习 Reading A 语篇后，学生再次研读语篇，

（1）在原有小标题基础上进一步理解语篇内容，并以思维导图的形式呈现；

（2）基于思维导图中的相关信息和语汇，给自己出一份分析报告，分析自己的压力水平、症状表现和可能成因（报告格式自拟）。

设计说明：

第一课时着重"识别压力"。教师在课堂上已经引导学生关注小标题引导的文章结构，作业一的第一项在此基础上通过让学生画思维导图的方式，检验学生准确理解和分析语篇结构的能力，同时检验学生对相关语汇的理解和分类是否准确；第二项通过让学生撰写分析报告的方式，分析自己的压力水平、症状和原因等，检验学生是否能准确理解并运用相关语汇和表达，同时检验学生通过学习，能否准确识别压力，反思自己的生活，提高自我认知。报告格式自拟，方式相对开放，学生可以使用表格式、小标题式、提纲式或语段式等不同形式来呈现报告，这样可以进一步提升学生的逻辑思维水平。

作业二：

在第二课时后，教师设计一个长期作业，让学生基于对 Reading A 语篇和听力语篇的学习，结合课堂上来自同学们的建议，制定自我减压计划，列出自己在一周内将尝试哪些方式来减压、如何实施，以及有哪些注意事项等，并于一周后在课堂上分享实施效果。

设计说明：

第二课时聚焦"应对压力"。学生通过 Reading A 语篇和听力语篇的课堂学习，已经了解了多种应对压力的方式，因此教师设计了一项制定减压计划并实施和反馈的长期作业，检验学生能否准确运用所学应对压力，学以致用，又能通过让学生反思自己减压计划实施的过程和结果，对主题意义有更切身的体验。通过反馈，教师可以检验学生是否能够准确地描述压力、提供建议，还可以了解学生对主题意义的理解是否变得更深入。

作业三：

在第三和第四课时后，学生在老师提供的真实案例中，选择其一，给当事人写一封信，内容包括：

（1）提出若干问题，以帮助对方判断是否有过度焦虑的表现；

（2）就如何应对过度焦虑，给对方提出 2～3 条建议；

（3）结合你对过度焦虑的危害的认识，鼓励对方积极面对和应对焦虑。

设计说明：

第三和第四课时围绕"过度焦虑"，教师设置了给当事人写建议信的作业，该作业可以检验学生是否能够把课堂所学转化为自己真正的认知，并应用到真实情境中，同时检验学生是否建立了面对压力的积极态度，具备了相应的应对能力。

综上，可以看到，学生通过四个课时的课堂学习活动，围绕主题"如何应对压力"开展有层次的学习，而三个作业，作为贯穿学习过程的评价活动，以一系列实践性的活动任务，既巩固、拓展和检验了每课时课堂所学，又为下一课时的学习起到了推动作用，为教师的下一步教学设计提供重要参考。这三个贯穿学习过程的评价活动，同时也成为了单元学习活动的有机组成部分,充分体现了教、学、评一体化。

2. 指向素养的多样评价活动

评价重在对学生学习情况的过程性观察、监控、记录和评估,全面了解学生的个性特征、学习效果和发展潜能,关注学生的学习过程和成长经历。因此,教师要以学科核心素养为导向,根据学习活动内容,设计形式多样的评价活动,指导学生独立或合作完成评价活动,并在评价中不断反思、总结经验、调控学习,使评价活动成为学习过程的有机组成和促进学生成长的有效途径。

【案例一】①

教材版本	高中英语(上教版)
单 元	选必一 Unit 2 Making a difference
主题语境	人与自然
话题内容	人类生存、社会发展与环境的关系
课 型	Reading and interaction(Reading)
授课时长	3 课时

该单元主题是"Making a difference",Reading and interaction 板块的语篇 *Island Story* 通过卡特里特群岛岛民的讲述,描述气候变化对生活、文化等带来的影响,引导学生关注并思考自己可以做些什么;Grammar activity 板块聚焦将来进行时,要求学生运用所学语法知识,围绕快闪族现象所带来的影响,在语境中

---

① 本案例由市西中学徐厉老师提供。

使用语言知识进行描述；Listening and speaking 板块引导学生围绕如何使社区、学校变得更好进行有效交际；Writing 板块要求学生写一篇论述文来支持一个慈善项目；Cultural focus 板块是关于慈善马拉松项目的阅读语篇和关于蓝十字动物救助组织的视频，为学生深入探究主题提供了拓展。

活动简介：

在 Reading and interaction 板块第一课时结束后，教师设计了扮演卡特里特群岛民发表气候变化主题演讲的口头作业，作为对本课时学习内容的评价。

评价活动	Make a speech
评价内容	● 能准确运用主题相关语汇描述气候变化对岛民的影响； ● 能运用演讲的文体结构，有逻辑地进行阐述； ● 能根据场合，选择恰当的语言，确切表达意思，体现文化理解，达到预期交际效果； ● 能使用多模态资源，达到特殊的表达效果。

Ss are given the worksheet as the instructions and they can either choose to work individually or in groups of 3—4 to deliver the speech.

Students' Worksheet

Let the world hear your voice!

Suppose you are the Carteret islanders. You are invited to the 2023 United Nations Climate Change Conference, scheduled to be held from 30 November to 12 December in the United Arab Emirates. Prepare a speech to draw more attention to the challenges facing the islanders.

Your speech should include：

- a clear structure（beginning—body—ending）
- detailed descriptions of life on the islands and the impact of climate change on the islanders
- possible ways to help the islanders

Note: You may deliver your speech in groups（3—4 students）if needed.

分析说明：

在第一课时的学习中，学生梳理了语篇脉络，了解文中的描述性语言及其对直观化、视觉化反映卡特里特群岛环境和居民生活情况所起的作用。在此基础上，教师设计了"让世界倾听你们的声音"的演讲作为评价活动，结合将举行的联合国气候变化大会创设情境：假设学生是卡特里特群岛岛民代表，受气候变化大会邀请在大会上发表演讲，以呼吁国际社会加强对岛民所面临挑战的关注。

教师通过扮演岛民发表演讲这一评价活动，可以有效检验学生是否内化了从语篇中学到的描述性语言，有效评价学生是否能用恰当语言描述气候变化对岛民的影响等，检测学生是否基本达成本单元 Reading and interaction 板块的学习目标，即"描述气候变化如何对南太平洋岛屿的人与文化产生影响"（Describe how climate change affects the people and culture of islands in the South Pacific）。根据学生口头演讲的表现，教师能够有效观察学生对岛民的理解和共情程度，对学生是否能选择恰当的语言、适切的语音语调、有效的肢体语言等也可以进行有效评价，从而促进学生语言技能、文化意识的提升。

此外，教师允许学生在完成该项作业过程中，根据需要选择以 3—4 人小组形式合作准备,通过分工共同完成演讲。小组合作的作业形式使学生可以相互学习、相互反馈和评价,推动学生反思和调整自身学习,进而提升学习能力。

【案例二】

教材版本	高中《英语》(上教版)
单　　元	选必二 Unit 2 Digital humans
主题语境	人与社会
话题内容	社交媒体与信息安全
课　　型	Writing
授课时长	1 课时

活动简介:

　　在这堂写作课中,学生通过范文语篇,学习了利弊分析类议论文的语篇结构和语言特征,还学习了如何辨别分论点和论据,以及以社交媒体和网络的利弊分析为主题的相关语汇和信息。在此基础上,教师和学生基于范文语篇,共同讨论确定了利弊分析类议论文写作的评价标准,并设计了相关作业作为评价活动。

评价活动	Write an essay
评价内容	● 能识别利弊分析类议论文的语篇结构和语言特征; ● 能识别议论文的内容要点和相应支撑论据; ● 能运用相关主题语汇,确切表达意思,有条理地阐述观点; ● 能客观认识社交媒体和网络的利弊。

Step 1：With the help of teacher，Ss discuss and figure out the following checklist.

Checklist	Me	My partner
Is the essay structure clear?		
Are there supporting details for advantages?		
Are there supporting details for disadvantages?		
Are the arguments and supporting details persuasive?		
Does it sound objective?		
Other comments：		

Step 2：Ss finish the following worksheet by writing an essay.

Students' Worksheet

　　近年来，越来越多的人拥有了自己的自媒体账号，人人都可以随时随地在网络发布视频、照片、文字等信息。有人说，随手拍随手发可以让那些不道德的行为无处遁形，有助于整顿社会风气；也有人说，这样的行为会侵犯个人隐私，有时还会导致网暴和伤害，应该予以制止。你的看法是什么？请就人人都是自媒体的现象，从利与弊两方面谈谈你的看法。

Step 3：Ss use the checklist to evaluate their own essay and their partner's essay.

Step 4：Ss edit their own essay based on their and their partner's review.

分析说明：

这个活动以写作和依据评价量表进行自评与互评的形式开展，包含三个步骤：首先，教师和学生一起讨论制定一个评价议论文的标准，既为学生后续的独立写作提供指导，也为写作后的学生自评和互评提供评价标准。课后，教师通过学生独立完成的写作作业，可以更直观地了解学生对议论文语篇结构、语言特征的掌握情况，以及对现代技术利弊分析的相关信息和语言知识的掌握和运用情况。之后，教师又组织学生根据之前讨论出的评价标准进行自评和互评，在此基础上，学生可以修改和完善自己的作文，更好地理解议论文的语篇结构、语言特征以及如何运用该主题的相关语汇，学会有逻辑地进行合理有效的书面表达。通过自我反思和同伴评价，教师可以引导学生就是否客观地分析利弊，是否言之有理，以及自己学习过程和成果，进一步进行思考，促进学生思维品质的提升和学习能力的培养。

三、课堂教学培养核心素养的价值与反思

整体而言，课程标准中最重要、最突出的变化就是梳理凝练了各学科的核心素养，同时在这种核心素养的整体引领下确立了新的课程目标、课程结构与学业质量标准。从核心素养培育的角度看，其所蕴含的课程教学改革至少需要体现在如下维度：教学目标上要树立素养意识，超越单一的知识和技能传递导向；教学内容上要注重学科内部和学科之间的整合，发挥协同育人

价值；教学方式上要充分体现学科教学的实践属性，充分运用跨学科、项目式、综合实践等学习方式，丰富学生的学习体验，推动育人方式的转变和优化；课程评价上要凸显过程性、发展性理念，着眼于人的全面发展，建构合理的评价体系。对于高中英语学科而言，要深刻认识到核心素养导向的教学改革已经成为时代发展的必然趋势，课堂教学是培养学生核心素养的关键，要把握课堂教学在核心素养培育中的现实意义，也要基于实践梳理核心素养导向的英语课堂教学改革所需要关注的问题。

（一）发挥课堂教学对学科核心素养培育的核心价值

从基于标准的课程教学改革和未来社会人才培养的价值导向看，树立核心素养导向的课程教学改革意识将成为一种常态。因此，教师要认真领会和把握相关理念和要求，设计和开展课堂学习活动，充分认识并发挥课堂教学对于学科核心素养培育的核心价值，落实学科育人。

1. 充分发挥课堂教学的主阵地价值

课堂教学是育人的主阵地、主渠道，是教育教学中最为核心的部分。教师每天要在课堂内开展大量的教学活动，学生在学校中的大部分时间也都是在课堂上度过的。课堂教学的效能和质量直接决定了学生的学习效果。同时，课堂教学还是培养学生综合素质和能力的关键环节，能够为学生提供知识、技能、情感、价值观等多方面的教育。因此，课堂教学活动是最朴素、最真实、最自然，甚至是最简单、最直接的教学活动，这也是课堂教学活动有别于课外学习活动的最大区别所在。简而言之，教师要积极探索有效的教与学方式，上好每一堂课，切实落实培养学生英语学科核心素养的目标。

2. 充分发挥课堂教学的系统性价值

教师在课堂教学中使用学科教材作为主要教学材料。教材是根据学科课程标准编制的,一方面经过严格的审查,规范了对学科教学的标准和要求,整体富有较强的科学性和系统性,具有合理的梯度,另一方面也体现并引领学科教学的理念、方向和价值观,是教学材料中的核心材料。教师在课堂教学过程中,使用教材开展教学,是一个由浅入深、循序渐进、循环复现的过程,可以帮助学生渐进地、系统性地学习知识、掌握技能、发展思维和培育能力。因此,课堂教学相较课外教学而言,更有章可循,更具整体性和系统性价值。教师要认真研读教材,在把握课程标准所规定的各项内容和要求基础上,使用教材,设计并组织好课堂教学。

3. 充分发挥课堂教学的引领性价值

课堂教学给教师提供了密切观察和及时指导的时空。和相对自由宽松的课外学习活动相比较,时空有限的课堂教学活动更具针对性和组织性。教师根据课时目标,要确保学生能够完成每节课要求的知识和技能的学习,要观察学生在语言能力、文化意识、思维品质等方面的学习表现,并根据观察到的学生表现,及时地提供有针对性的指导,包括启发、纠偏、解惑等,引导学生自主反思,运用策略进行调整,继续开展学习。这样日复一日的密切观察和及时指导,可以有效地发挥引领价值,帮助学生养成正确的英语学习方法和习惯,持续提高学生的学习能力和综合素养。

(二)学科核心素养导向的英语课堂教学反思

除了要充分认识到课堂教学的核心价值外,教师在组织开展课堂教学时,还需要特别注意以下四个问题。

1. 以单元为整体,明确单元教学目标和课时目标

明确的目标是确保课堂教学质量的关键。通过设定明确的课时目标,将单元教学目标细化到每一节课,课时目标不能太多,也不需要追求全面,而应该是具体、可实现的,能够转化为具

有操作性的学习目标,能够指导学生在有限的时间内有效地开展学习。明确的单元教学目标和课时目标,让教师清晰地知道,通过课堂学习活动,引导学生学会什么、怎么学、学到什么程度,这样,教师和学生都能够更加专注于课堂教学活动,既避免了教师的无效教学和学生的无效学习,提高了教学质量,又有利于让学生体会学习的成功,增强学生的学习动力和积极性。

2. 深入研读语篇,把握核心内容和价值承载

深入研读语篇是开展好课堂教学的前提和基础。教师充分地研读语篇,可以更好地理解语篇中的教学核心内容,确定教学的重点和难点;教师对语篇进行多角度、多层次的分析,可以了解和掌握语篇中的主题、情境、文化和思想,更好地领会作者的写作意图,从而设计出更合理的课堂教学方案,将深度学习落到实处,提高课堂教学的实际效果。教师研读语篇,对语篇的再认识、再加工和再设计,也是教师对课堂教学设计、优化、不断思考和打磨的过程。因此,教师在研读语篇、准备课堂教学时,除了关注语言知识和语言技能,更重要的是围绕主题意义,思考从语言、文化、思维等方面引导学生学什么、怎么学,以及这样的学习对学生发展的意义和价值。

3. 转换教学视角,坚持以学生为主体

以学生为主体是保障课堂教学切实有效的关键。教师要切记,课堂教学不是按照既定计划、步骤,按部就班地开展教学活动就可以成功的,也不是以教师或学生表现出色来评价的。课堂教学是否切实有效,要看能否为学生的发展提供帮助和引领。因此,教师在课堂教学过程中,要以学生为主,关注学生的需求和反馈,不仅需要了解学生的学习需求,还需要关注学生的情感变化,并依据学生的情况和反馈,实时、及时地去调整课堂教学计划、进程和教学策略,及时给学生提供指导,使学生不仅能学会,还能会学。当学生学得快、学得好时,教师要跟上他们的步

伐,给予及时的引领;当学生学得慢、没学好时,教师要耐心等待,调整方法和策略,给予足够的鼓励和支持。

4. 坚持系统变革,思考核心素养培养策略

从核心素养培养的角度看,英语学科的教学改革是一种系统性的变革,这种变革不是对传统教学的彻底否定和重构,而是要真正结合学科的特点凝练出符合英语学科教学需要的,指向学生核心素养的课堂教学策略。其中特别要注意把握"侧重、建构、互动、整合"几个关键词。侧重,即坚持有所为有所不为的原则,根据语言素材和语篇的特点以及学生的最近发展区,确定教学的理想切入点和主线,确定某一教学单元和教学活动所侧重的核心素养培养目标,而不是贪多求全盲目地追求所有素养的培育;建构,即充分考虑语言学习的特点,认识到语言的意义和语言素养的培育往往蕴含在具体的情境之中,要通过适合学科的学习情景建构达成语言学习的本质要求,让学生在真实场景和现实问题的探索中提升核心素养;互动,即是语言学习的启动装置,要通过学习者与文本,学习者与同伴、教师等以情景和话题为中介的良好互动,帮助学生更好地理解文本的含义,拓展文本的内容和价值,在深化理解的基础上拓展素养;整合,即充分重视核心素养培育的整体性,将英语学科核心素养的不同方面进行整体设计和思考,在培养和发展学生语言能力的过程中,自然地融入其他领域的核心素养,实现学生的融合发展、全面发展。教师要避免只重视语言知识和技能的培养而忽视综合素养培育的做法,要有协同联动的意识,将核心素养的培育放置在学生整体生命成长的境遇之中,充分考虑核心素养培育的阶段性特征,结合学生学习需要和身心发展特点设计教学活动,提升课堂教学对学生核心素养培育的实践价值。

学科核心素养是基于学科本质凝练的,体现了学科独特的

育人价值,也对课堂教学改革的整体理念和方式提供了重要引领。在核心素养导向的课堂教学改革中,注重渗透活动学习的理论思维,通过有针对性的活动设计来打造素养导向的课堂教学是一种必然趋势。一方面,从核心素养的培养要求看,在教学中培养学生的核心素养要把握问题、情境和活动三个实践向度,具体而言,以问题为引擎帮助学生实现认知结构的创新;以情境为体验场域帮助学生实现学习过程的意义建构;以活动为平台帮助学生实现目标导向的实践化学习,这意味着核心素养的培育具有重要的实践价值,缺少丰富的活动设计作为载体,学生核心素养的培育将变成"无源之水""无本之木";另一方面,从课堂教学改革的整体演进看,改革开放以来,我国基础教育课堂教学改革的立场从"大面积提高教学质量"发展为"为了每一个学生的发展",指导思想从"调动学生的积极性"向"落实学生的主体地位"转变,推进方式由"自上而下的推动"向"上下结合的多样化自主探索"拓展,开辟了一条主要以教学实验来改革课堂教学、提高教学质量的道路。在这一历史进程中,课堂教学的理念和路径随之动态变化,但这种变化越来越聚焦于对"学生主体"的观照,其实践表现就是充分注重课程教学的实践性和体验性,强调让学生在丰富多样的学习活动中获得充分感知,丰富学习经历,提升综合素养。从这个角度出发,在英语课堂教学中,运用学习活动观和通过丰富的学习活动设计来推进课堂教学效能的提升,既是落实学科核心素养培育的需求,也顺应了教学方式沿革创新的历史趋势。探索有效的课堂教学学习活动设计,应该成为当下和未来英语学科教学改革和英语教师专业发展的重要内容。

第四章

学科核心素养导向的高中英语项目式学习活动设计

社会的发展不断重塑教育的样态,也给人才培养提出了新的要求,培养具有知识迁移和解决实际问题综合能力的学习者已成为一种重要的导向。项目式学习(或称项目化学习)模式作为一种指向问题解决能力的新兴学习方式,通过对蕴含核心概念的驱动性问题的持续探究,引发学生对真实复杂问题的思考和解决,形成公开可视化的成果,实现跨情境的知识迁移,切实培养学生对现实复杂问题的解决能力,在当下的课程教学和人才培养变革中越来越受到重视。

从项目式学习的要素和特征看,项目式学习超越了传统的、以静态的知识传递为主的教学样态,对于彰显学生的学习主体地位,培养学生的综合能力,特别是核心素养具有重要意义。因此,项目式学习已经成为全球教育普遍关注的热点问题。从现有的实施情况看,项目式学习主要有学科内、跨学科等不同实施样态,也可以通过一定的主题进行设计和引领,但是作为一种新的课程教学理念,如何在深入理解项目式学习概念的基础上,探索教师易于接受和使用的项目式学习实践方法,发挥项目式学习对于学生核心素养培育和综合能力提升的积极价值,这是学校遇到的普遍问题。在整体推进"双新"改革的背景下,英语教师应该敏锐地认识到英语学科核心素养与项目式学习的内在关联,探索通过具有英语学科特点的项目式学习,实现学生学科核心素养培育的有效实践路径。

一、学科核心素养导向的项目式学习活动理念

课程标准明确提出,教师在组织实施英语教学的过程中,除了常规的教学活动外,应更多地调用学生的学习潜能,组织更加开放的、具有挑战性的项目式学习、研究性学习、创作性学习等活动,以更好地提升课堂教学的实践成效,这充分体现了项目式学习在"双新"改革背景下的高中英语课堂教学中的积极价值。但是,尽管项目式学习的理念已经提出多年,部分一线教师对于项目式学习的内在理念、逻辑和价值仍未形成合理的认知,对于核心素养与项目式学习的契合与关联也没有把握到位。这种认知上的缺乏,会导致他们在组织实施项目式学习的过程中出现偏颇。因此,在"双新"改革过程中,为了实施核心素养导向的项目式学习变革与探索,教师首先要对项目式学习的理念形成合理认识。

(一)项目式学习的概念与形态

项目式学习(Project-Based Learning,简称 PBL)的思想源头,可以追溯至杜威的"从做中学"的经验学习。而后,其弟子克伯屈首次提出"设计教学法",并通过设计教学法实践了项目式学习。自20世纪90年代开始,项目式学习这个概念逐步进入国内学者的视野,国内外学者就项目式学习的概念、模式等展开研讨,使项目式学习的研究取得更快的发展。

对于项目式学习的具体概念,不同的学者有不同的理解方式。美国巴克教育研究所认为项目式学习的重点是学生的学习目标,不仅包括基于标准的内容,更涵盖批判性思维、问题解决思路、自我管理与合作等技能,从这一逻辑出发,将项目式学习

定义为在一段时间内,学生通过研究,应对一个个真实的、有吸引力和复杂的问题、课题或挑战,从而掌握重点知识和技能。国外学者普遍认为,项目式学习是通过为学习者提供有意义的背景,促使学生参与科学实践,在此过程中,促使学生将科学知识的学习融入对现实问题的调查研究中。国内学者则普遍强调项目式学习作为一种新型探究性学习模式在课程教学改革中的价值,突出其对于学生实践能力、综合发展和核心素养培育的独特效能。不论基于怎样的概念进行解读,都可以清晰地看到,项目式学习是一种不同于以往以知识、学科等为核心依据与载体的学习方式,其所秉持的核心理念是学生的学习在经历和解决真实世界的问题时最容易发生,要通过项目的方式引导学生学会知识的融会贯通和综合运用,更好地关联学生的学习和生活世界,帮助学生建构真正适应未来社会生活的实践能力、探究能力和综合素养。

笔者认为,项目式学习主要指学生在一段时间内对学科或跨学科有关的驱动性问题进行深入的、持续性的探索,在调动所有知识、能力、品质等创造性地解决新问题、形成公开成果的过程中,形成对核心知识和学习历程的深刻理解,并能够在新情境中进行迁移。

作为一种独特的学习样式,项目式学习在教与学的实践中呈现出不同的样态。从目前的研究和实践看,项目式学习主要通过主题项目、学科项目和跨学科项目三种方式呈现。主题项目主要引导学生观察生活、提出问题,培育学生创造性思考、灵活解决问题的能力;学科项目主要是设计与学科核心知识相关的驱动性问题,引导学生在学科学习中自主或合作探索,激励学生深度理解学科核心知识、提升学科能力、培育学科素养和高阶思维能力;跨学科项目是指整合不同学科的知识和方法,通过跨学科项目的实践和研究,以系统思维解决真实问题,提高学生迁移运用和创造性解决问题的能力。在高中英语教学中,教师未必需要严格区分不同形态项目式学习的准确边界,更重要的是,要结合学科教学和学生核心素养的培育需求,灵活选择和运用不同形式的项目式学习实施样态,甚至在三种基本样态的基础上进行融合交叉,最终实现有效培养学生核心素养的基本价值。

(二) 项目式学习与学生核心素养培育的关联

素养是面向未来的育人目标的国家凝练。"双新"改革的推进和新的课程方案、课程标准的颁布实施,让核心素养的教育变革从研究领域的"理想课程"转化为具有现实意义的"正式课程"。素养的综合性、面向真实世界的迁移性等特征深刻地影响着教学与评价。从教与学的方式来看,项目式学习是一种鼓励学生通过解决真实问题培育素养的教与学的新样态,是促进国家课程教与学方式变革的重要载体。项目式学习不是脱离课程整体设计与实施的零散性的活动,而是指向素养的严谨学习系统设计,它以真实问题激发学生主动学习,以本质问题和大概念促进学生在项目间的迁移,以高阶学习带动低阶学习,实现项目逻辑和知识逻辑的平衡,因而,在"双新"改革的整体背景下,项目式学习被赋予了培养学生核心素养的重要价值,项目式学习与学生核心素养培育之间的内在关联性得到了重视与认可。

作为一种独特的学习样式,项目式学习是一种以学生为中心的教学模式,它强调通过完成具有实际意义的复杂任务,让学生主动探索和学习,从而促进学生的创造力、批判性思维、解决问题的能力以及团队合作能力的发展。从课程教学的实践角度看,项目式学习的特征主要包括以下几点。

真实性:项目式学习往往围绕一个真实世界的问题或挑战,让学生在解决实际问题的过程中学习;综合性:项目通常涉及多个学科的知识,鼓励学生运用不同领域的知识来解决问题;学生主导性:学生在项目中扮演主导角色,教师则更多地扮演指导者和协助者的角色;合作学习:学生通常以小组的形式开展合作,共同完成项目任务,这有助于培养团队合作能力;过程导向:项目式学习重视学习过程,鼓励学生在学习过程中不断尝试、反思和调整;反思性:学生被鼓励对项目过程和结果进行深入的反思,以便于从经验中学习;成果展示:项目结束后,学生需要展示他们的成果,这可以是报告、展示、演示或其他形式;评价多样化:项目式学习的评价不仅关注最终的成果,还包括学生在项目过程中的表现、合作能力和学习态度;灵活性:项目式学习允许学生在教师的指导下,根据自己的兴趣和节奏来探索问题;技术整合:现代教育技术经常被整合到项目中,以支持信息的收集、分析和展示;深度学习:通过深入探索和理解问题,学生能够获得更深层次的知识理解;持续时间:项目式学习通常需要较长的时间来完成,这样可以保证学生有足够的时间来探索和学习。

项目式学习是一种非常有效的教学方法,它能够提高学生的参与度,激发他们的学习动机,同时培养他们在未来社会和职业生涯中所需的关键技能。同时,正是因为项目式学习具有上述维度的特征,其与学生核心素养培育的内在关联性才能够得到彰显,项目式学习才具有了培养学生核心素养的独特价值:项目式学习要求学生在真实或模拟的情境中解决问题,这有助于提升他们的问题解决能力;在项目实施的过程中,学生需要评估信息、分析问题和提出解决方案,这有助于培养批判性思维;项目式学习的项目通常需要团队合作,学生在合作中学习如何沟通、协调和领导;项目式学习鼓励学生自主探索和学习,这有助于培养他们的自主学习能力;在项目实施过程中,学生需要运用创新思维来设计和实施项目,这有助于激发和培养创新能力;

项目式学习往往涉及多个学科的知识和技能,这有助于学生理解不同学科之间的联系;在项目式学习中,通过实际操作和实践,学生能够将理论知识应用到实践中,增强实践能力;项目式学习的过程能够培养学生的好奇心和对知识的持续追求,为终身学习奠定基础,提升他们的思维品质和学习能力;通过参与解决社会问题的项目,学生可以培养社会责任感和公民意识;项目式学习中的讨论、报告和展示等活动可以提升学生的沟通能力;在项目实施过程中,学生需要合理规划时间,以确保项目按时完成;现代项目式学习常常涉及信息技术的应用,有助于学生掌握和运用现代技术。上述项目式学习的过程和特征,都清晰地刻画了项目式学习与学生核心素养培育之间的内在关联,也凸显了通过项目式学习培养学生核心素养的现实可能性。对于高中英语学科而言,英语学科四个维度的核心素养,都可以通过项目式学习的方式进行关联和体现。

(三) 项目式学习活动设计的原则

项目式学习作为"双新"改革突出强调的一种新的课程教学样态,其内在的价值超越传统的以知识、技能传递为核心价值的课程教学观。项目式学习的重点不是重新定位课程,而是重新定位学生的教育;不是通过知识的灌输培养学生,而是通过学生的经验激活那些无形的思维能力。在学科教学领域实施项目式学习,要求学生学习相关课程的核心知识,并且运用所学知识解决真实问题,在这一过程中,学生和教师全程参与,共同关注问题的本质,寻求解决路径,让学生真正理解学习的过程不仅是知识的习得过程,还是问题的解决过程和思维的培养过程,是学生核心素养的塑造过程。这就能够在很大程度上拓展学科教学的育人价值。当然,项目式学习要体现其育人价值,需要在设计和实施上进行必要的探索,既要遵循课程教学的一般规律,也要遵循项目式学习作为一种独特学习样态的实践原则。从高中英语课程教学的现实情况看,英语学科教学中设计和实施项目式学习,应该体现以下三个方面的基本原则。

1. 落实课程标准要求

课程标准规定了课程实施的基本内容和规范,基于课程标准开展课程教学和评价,是任何形式的课程教学活动设计与开展的基本原则。从项目式学习的实践看,课程标准明确提出了"人与自我、人与社会、人与自然"三大主题语境,为项目式学习的开展提供了内容设计和组织实施的基本框架。同时,课程标准规定的课程内容和学业质量标准也为实施项目式学习提供了一种内在的规定性。这意味着,高中英语课堂教学中的项目式学习应该在不额外增加大量课时和大量课外材料,不降低学业质量标准的前提下开展。项目式学习的组织实施,要基于课程标准拟定的范畴,要充分整合教材资源,要进行适当必要的拓展,也要注意克服项目式学习中的随意性,围绕课程标准的要求,真正通过项目式学习落实课程标准的价值与理念。

2. 指向核心素养培育

核心素养是高中"双新"改革中突出强调的课程教学和人才培养理念。核心素养是一个全面的体系,既包括了学科核心素养,也包括了一些难以归入某一学科的其他核心素养要点,而项目式学习能够通过一种创造性的、实践性的学习方式帮助学生实现高阶学习目标,发展学生的核心素养。从课程标准的内在逻辑看,通过项目式学习等学习方式创新培养学生的核心素养,是一条贯穿始终的主线,这意味着高中英语项目式学习的设计和实施应该指向学生核心素养的培育,特别是要努力培养学生的学科核心素养。

一方面,项目式学习对于英语学科核心素养的培育应该是具体的,也是有重点和方向的。在语言能力方面要特别注意通过项目式学习的开展,鼓励学生进行跨情境的语言知识迁移,提升学生的语言理解和表达能力;在思维品质方面,要注重通过项目式学习,培养学生的优良思维品质,特别是发展学生的逻辑思维、批判性思维、创新思维等高阶思维能力;在文化意识方面,要注重引导学生汲取不同项目蕴含的文化知识,形成积极的情感态度和价值观,提升跨文化意识和能力,涵养民族文化自信;在学习能力方面,要通过项目的设计引导学生开展自主学习、合作学习和探究学习,培养学生的终身学习意识和能力。

另一方面,项目式学习对学生核心素养的观照,应该是学科素养和跨学科素养的有机融合。尽管从具体的设计和实施形态来看,项目式学习可以体现为学科项目和跨学科项目,但实际上,回归到具体的实践领域,项目式学习的设计和实施应该是双线并进的,一方面,要体现课程标准中规定的学科教学应该赋予学生的关键能力或者概念;另一方面又要指向学生全面发展和综合素质提升。这意味着任何学科开展项目式学习的设计和实施都应该充分考虑学生的学科素养和跨学科素养的有效融合。从这个角度出发,高中英语项目式学习既要关注课程标准倡导的英语学科四个维度的核心素养,也要着眼学生全面发展和综合素质提升,打破学科知识壁垒,通过跨学科意识的渗透实现学生学科素养和跨学科素养的融合培育,在更广阔的层面上拓展学科教学的育人价值。

3. 创设真实学习情境

现代学习理论的研究表明,只有在真实的学习情境中,深度学习才更容易发生。真实性学习作为一种独特的学习要求,有其内在的特征和规定性,即允许学生在涉及真实世界的、与学习者关联的问题和项目的情境脉络中进行探索、讨论和有意义地建构概念和关系。要体现真实性学习的价值,就需要教与学理念和方式的不断创新。项目式学习相较于传统的讲授式学习,能够为学生提供一个更加开放、更具实践和探究意义的学习场景，引导学生通过具身参与，加深对学习的理解、感知和收获，是一种体现真实性学习价值要求的学习方式。而从真实性学习的理念出发，要彰显项目式学习的独特价值，离不开真实性的学习情境的设计。这意味着，高中英语学科教学中的项目式学习是英语学科关联现实生活的重要途径，承载着为学生提供真实英语学科教育环境，促进学生将学科学习与现实生活和问题解决进行关联的重要价值。教师要注意从学生的现实生活出发，结合课程教学的具体内容，通过合理的项目主题设计、问题设计，帮助学生建构一个真实性的或者仿真的学习情境，实现教师、教材、活动、评价等要素的彼此关联和系统联动，建构一个真实性的学习系统，促进真实性学习的发生，进而真正提升学生语言运用和问题解决的能力，实现学生核心素养培育的价值。

二、项目式学习活动设计要点与案例分析

项目式学习看上去有更加广阔、灵活和丰富的实施空间与样态，但作为一种带有独特理念和价值的教与学方式，它也必然蕴含着某些设计与实施的原则性规定。一般而言，项目式学习主要包含以下要素：真实的驱动性问题；学生在真实情境中对这个驱动性问题展开探究；学生经常用项目式小组的方式学习；学生运用各种工具和资源促进问题解决；学生最终产生可以公开发表的成果。上述要素实际上体现了项目式学习设计与开展过程中的主要流程和关键问题。对于高中英语学科教学而言，要通过项目式学习的方式实现对学生学科核心素养和综合能力的培育价值，就要科学把握项目式学习的核心要素，特别是要围绕以下三个方面的设计要点，凸显项目式学习的独特育人价值，提升项目式学习对于新课标理念和学生核心素养培育的实践效能。

（一）结合实际形成驱动

驱动性问题的设计是项目式学习的核心，也是一些教师认为在实践中最艰难的环节，它关系着学习能否顺利推进并取得预期成果。就驱动性问题而言，它指向的是本质问题。在实践领域，驱动性问题往往是学科、跨学科概念的聚合器，与"大概念"有密切关联。现有对项目式学习中驱动性问题的研究，大致可分为三种取向：第一种是按照巴克教育研究所提出的"问题性质取向"，内容包括哲学/争议、产品、角色导向三种；第二种是"教学要素取向"，聚焦在问题情境创设、学生（知识）兴趣激发、策略设计等具体要素上；第三种是"设计思考取向"，即将具体的内容提升为更本质的问题，将本质问题与学生经验建立联系，将事实问题转化为概念性问题。在实践中，驱动性问题的三种设计取向往往并存，教师也未必能够清晰地划分不同设计取向之间的差异，这也从另一个角度充分说明了项目式学习过程中驱动性问题设计的复杂程度。但是整体上说，项目式学习的驱动性问题必须指向学科核心概念，应逐渐淡化学科边界，以及依赖系统的培训等，这些认知已经得到了基本的共识。

设计项目式学习的驱动性问题是引导整个项目学习和探究的核心。有效的驱动性问题能够激发学生的好奇心和探索欲，促进学生批判性思维和问题解决能力的发展。从英语学科教学的实践看，在组织实施项目式学习的过程中，教师应该对项目式学习的驱动性问题进行深入科学的思考和设计。结合笔者的实践，以下几个方面的问题需要特别关注。

合理确定学习目标：在设计问题前，首先要明确学习目标是什么，这些问题应该与课程标准和学习成果相一致；了解学生兴趣：了解学生的兴趣和先验知识，设计的问题应该能够引起学生的兴趣和参与;开放性:设计的问题应该是开放性的,即没有唯一正确的答案,这样可以鼓励学生进行深入的探究和思考;挑战性:问题应该具有一定的挑战性,以激发学生的思考和创造性;跨学科性:如果可能,设计的问题可以涉及多个学科领域,促进学生综合运用不同学科的知识和技能;可行性:问题应该是学生在有限的时间和资源下能够探究的;明确性:尽管问题需要开放性,但也应该是明确的,让学生知道从哪个方向开始探究;评估标准:设计问题时,应该考虑如何评估学生的工作,包括过程和成果;迭代:设计问题不是一蹴而就的,可能需要根据学生的反馈多次迭代调整;与现实世界联系:问题应该与现实世界相联系,让学生看到学习的实际应用价值。

以下案例体现了英语学科教学中结合实际进行的项目式学习驱动问题设计。

【案例】①

主题内容	项目名称	学段	参与形式
诗 歌	中英诗歌大会	高二	个人或小组

活动简述:

中英诗歌大会

我们将举办"中英诗歌大会",欢迎您以小组或个人的方式,携作品参加大会。您的参会作品将被收录于《中英诗歌大会诗集》。

---

① 本案例由市西中学罗凤琴老师提供。

此次"中英诗歌大会"分为经典诗歌英译中、经典诗歌中译英、原创诗歌三个环节。请完成下述三个任务后,携作品参会。

任务 1:经典诗歌英译中(以下诗歌任选一首翻译)

(1) When You Are Old(William Butler Yeats, Ireland)

(2) Sonnet 18(William Shakespeare, England)

(3) The Road Not Taken(Robert Frost, USA)

(4) Blowin' In the Wind(Bob Dylan, USA)

(5) Do Not Go Gentle into That Good Night(Dylan Thomas, UK)

(6) O Captain! My Captain!(Walt Whitman, USA)

(7) My Heart's In the Highlands(Robert Burns, Scotland)

任务 2:经典诗歌中译英(以下诗歌任选一首翻译)

(1) 蒹葭(《诗经·国风·秦风》)

(2) 沁园春·雪(毛泽东)

(3) 再别康桥(徐志摩)

(4) 乡愁(余光中)

(5) 九歌(海子)

(6) 致橡树(舒婷)

(7) 我的信仰(席慕蓉)

任务 3:原创诗歌(free verse,以下题材任选一个进行创作,题目自拟,中英文皆可)

(1) 梦想

(2) 生命

(3) 青春

(4) 爱

(5) 自然

分析说明：

诗歌作为文学的精华，对培养高中生的语言、审美、人文素养起着很大作用。但许多教师担心语法薄弱、阅历不足的高中生不能"正确理解"诗歌之美，对教材中出现的英语诗歌的教学，往往采用逐字逐句解读分析，要求学生背诵默写等方式，生硬而效果不佳。实际上，就像中国的《诗经》一样，英语诗歌并不等同于晦涩难懂的十四行诗，其形式还包括朗朗上口的童谣、歌曲和贴近生活不受格律约束的自由诗等。因此，如何引导学生不带着畏惧与抗拒"走进诗歌"，与诗歌进行亲密接触，从而唤醒沉睡于心中的"生命的本能"，爱上诗歌，感受英语之美、生活之美，是需要教师运用智慧去解决的问题。

中央电视台《中国诗词大会》的热播使中国诗词成为全民话题，也在学生中引发了热议和兴趣。教师抓住这个契机，借助学生的热情和积极性，设计和组织了"中英诗歌大会"，以诗歌大会和诗集制作等真实情境和任务，促进学生自发学习和探究中英诗歌。学生准备作品参会的过程，就是深度学习真实发生的过程。

（二）成果导向促进融合

成果导向教育（Outcome Based Education，简称 OBE）是一种以学生的学习成果为导向的教育理念，认为教学设计和教学实施的目标是学生通过教育过程最后所取得的学习成果。它由斯巴迪等人于 1981 年首次提出，此后很快得到了人们的重视与认可，成为当前世界各国教育改革的主流理念。对于项目式学习而言，产生体现学生学习过程与收获的可视化成果是其内在的要求，从成果导向的教育理念出发，对项目式学习的设计与实施进行流程重构是项目式学习价值得以发挥的内在要求。

从成果导向出发，高中英语项目式学习的设计与实施，可以借鉴如下流程：其一，确定核心素养，即确定在项目式学习过程中最重要的核心素养是什么,此时应该将英语学科核心素养和学生其他维度的核心素养进行整体分析,在不同主题的项目式学习中应该有侧重,有针对性地思考和设计;其二,分析学科知识和技能,即根据学科特点,分析学科知识和技能对于培养核心素养的作用,将学科知识和技能与核心素养相结合,形成学科核心素养的目标,同时,通过跨学科视角,分析不同学科知识对于学生核心素养的支撑情况,为跨学科项目式学习和学生核心素养的培育建构关联;其三,制定具体的学习目标,即根据学生的实际情况和学习需求制定学习目标,学习目标应该明确、具体,并且能够衡量学生是否达到了核心素养培育的要求;其四,设计相应的评估方法,以检验学生是否达到学习目标。在教学设计之初,教师就应该有意识地思考采用考试、项目评估、作品展示等多种形式来评估学生的核心素养水平;其五,提供多样化的学习活动,可以结合课堂教学、实践活动、小组合作、自主探究等方式,让学生在实际情境中运用所学知识和技能,培养核心素养;其六,持续反馈和调整,在项目式学习过程中,教师应及时给予反馈,帮助学生认识到自己的不足之处,并提出改进的建议,同时,根据学生的表现和需要,及时调整学习目标和教学方法,保证学生能够达到核心素养的要求。通过以上步骤,可以有效地围绕核心素养建构项目式学习目标,促进学生全面发展和终身学习能力的提升。

【案例】①

主题内容	项目名称	学段	参与形式
诗　歌	中英诗歌大会	高二	个人或小组

---

① 本案例由市西中学罗凤琴老师提供。

活动简述:

中英诗歌大会

环节1:经典诗歌英译中

要求:请现场诵读诗歌的英语版和中文翻译版,可以配图或使用音乐作为辅助。

环节2:经典诗歌中译英

要求:请现场演绎诗歌的英语翻译版,诵读、吟唱等方式不限,可以配图或使用音乐作为辅助。

环节3:原创诗歌

要求:请现场演绎原创诗歌,并用英语介绍创作思路,演绎和介绍的方式不限。

注:《中英诗歌大会诗集》作品提交时,每个作品需配1—2幅插图。

学生作品例选:

作品一:

Butterflies in my stomach

In me the butterfly flaps its wings

Will it cause any effect in the distance?

Or just vanish with time in wild silence?

When the wheel of time was turning

It spun around my thoughts

It stirred my stomach

In which a butterfly was bred,

Set free from the constraint

She thought that she had escaped

She thought she could embrace freedom

Only to find herself trapped in another prison.

"In me the tiger sniffs the rose."
Perhaps the butterfly will cause effect in the distance
Or maybe it won't.

It can just hear a voice from deep inside
"In me the tiger sniffs the rose."
"In me the butterfly devours the brute."
She said without words.

作品二：

Unfinished love

Beneath the lime tree branches
Without a word we parted
By many a shore divided
Yet beloved in vain.

The souvenir you gave me
I bring it with me still
I thought of thee, Lucille
As being past away.

I must wander desperately
In other lands to die
I would craze and thou would weep
For love that cannot be.

I shall never return to thee

For endless souls I slaughtered

Would you break? Would you grieve?

For the forever unfinished love.

分析说明：

"诗歌"作为课程标准提出的主题语境学习内容之一，属于一种特殊的语篇类型，课程标准中提出了一些明确的语言知识和文化知识内容要求（见表1）。

要　素	内　容　要　求
语音知识	● 发现并欣赏英语诗歌、韵文等文学形式中语言的节奏和韵律。 ● 根据节奏和韵律创作英文诗歌。
语篇知识	● 散文、诗歌、广告、访谈等语篇的主要目的以及这些语篇类型的语篇结构特征。
文化知识	● 在学习活动中理解和欣赏英语语言表达形式（如韵律等）的美。 ● 理解和欣赏部分英语优秀文学作品（戏剧、诗歌、小说等）；从作品的意蕴美中获得积极的人生态度和价值观启示。

表 1　课程标准中对"诗歌"学习的内容要求

这一项目式学习活动采用成果/产品导向的方式，在主题语境下，围绕"诗歌"这一语篇类型，将语言知识、文化知识、语言技能、学习策略等要素融合在一起。学生参加"中英诗歌大会"，在翻译诗歌、创作写诗、诵读诗歌、介绍创作思路等一系列语言实践活动中，从发现、理解诗歌的结构特征、节奏和韵律，到运用结构特征、节奏和韵律创作英文诗歌；从理解和欣赏经典中英诗歌的意蕴，到运用图片、声音等多模态资源创造性地表达意义，语言知识和语言技能整合发展,文化意识得到增强,思维品质得到提升。同时,在最终形成作品参加"中英诗词大会"的目标指引下,学生们投入了浓厚的兴趣和极大的热情,不断学习和综合多学科的知识和内容,包括搜索文献、根据意义寻找配图、选择背景音乐、舞台诵读技巧、舞台布置、情景剧演绎等涉及信息技术、美术、音乐等跨学科知识,在创造出最终的成果/产品的同时,综合素养和能力也得到了提高。

(三)实践探究引领思考

项目式学习对于传统学习的突破,在很大程度上体现为它对学生创造性解决问题能力的关注,这在当前的课程教学和人才培养体系中显得尤为重要。在国际比较中,中国学生往往被认为基础扎实,但在创造性、问题解决能力方面存在不足。中国的基础教育也被认为更注重知识掌握和知识体系的建构,而对包括创造性在内的 21 世纪技能关注较少。有鉴于此,在当下中国的教育情境中,项目式学习的重要使命之一就是要补齐中国教育的这块"短板",通过不同课程领域中多样的项目形态,让学生拥有真实的问题解决经历,成为积极的行动者,调动已有的知识经验、能力基础,创造性地解决真实情境中的问题。对于英语学科教学而言,要实现项目式学习对于学生解决实际问题能力的培养价值,就要围绕实践性、探究性的基本价值立场,通过探究性实践的方式和教学设计引导学生开展真正的思考和探索。

探究性实践源自探究性学习的理念,是一种最契合项目式学习精髓的实践方式。探究性学习以技能或能力为中心,这种教学方法能使学生不仅获得学科知识,而且能够在更广泛的学习和生活中加以理解和应用。它也能给学生提供更为全面而连贯的学习方式,让学生在不同的学科领域之间建立联系。简单接触事件和信息，或被动接收，学习者的大脑和身体并不会受很大影响，学习并不会发生。他们必须主动参与学习过程，只有当人主动塑造学习经验，真正的学习才能发生。因此，探究性学习对于学习效能的提升具有重要价值。

对于项目式学习而言，探究性实践是从对真实世界的观察中产生问题，经过与知识的联结、抽象，再次回到真实的世界，产生迁移。探究性实践是项目式学习的主要实践活动，也是学生在解决问题时经常用到的实践活动。教师需要通过合理的探究路径设计，引导学生有序、有效地开展探究活动，在设计探究路径时，应该综合考虑以下因素。

明确学习目标：确定学习目标可以指导整个项目式学习的过程。教师和学生需要清楚知道他们要通过探究性学习达到什么样的目标。

提供适当的资源和材料：学生进行探究性学习需要有相关的资源和材料支持。教师可以为学生提供书籍、网络资源、实验器材等，让学生能够深入研究和探索。

提出引导问题：在探究性学习中，问题是推动学生思考和研究的关键。教师可以引导学生提出适当的问题，激发学生的好奇心和求知欲。

提供适当的支持和指导：学生在探究性学习中会面临各种各样的困难和挑战，教师要充分考虑学生身心发展特点，对任务难度、方法等进行针对性设计与动态调整，通过小组讨论、个别辅导等方式及时给予支持和指导，帮助学生解决问题。

促进合作与交流：探究性学习应该鼓励学生之间的合作与交流，教师可以设计一些小组活动或者讨论环节，让学生共同分享他们的发现和经验。

评价学生学习成果：在探究性学习结束后，教师需要对学生的学习成果进行评价。评价可以包括学生的表现、解决问题的能力以及对知识的理解等方面。

【案例】①

主题内容	项目名称	学段	参与形式
诗　　歌	中英诗歌大会	高二	个人或小组

活动评价要点：

中英诗歌大会评价表（个人）

Checklist	Me	My teacher/classmates
我能理解诗歌表达的意义。		
我能朗读诗歌并体会节奏和韵律。		
我能准确地翻译诗歌。		
我能运用节奏和韵律等创作诗歌。		
我能选择合适的方式演绎诗歌。		
我能根据诗歌的意义配图或配乐。		
我能说出中文与英文诗歌的一些特征。		

---

① 本案例由市西中学罗凤琴老师提供。

中英诗歌大会评价表（小组）

Checklist	Me	My teacher/classmates
小组成员能够经过讨论选择合适的诗歌。		
小组成员能够借助教材、词典、网络等资源开展诗歌相关的学习。		
小组成员能够借助词典、文献、网络等查阅资料，完成翻译，开展创作。		
小组成员都认真参与全过程。		
小组成员有效分工合作。		

友情提醒：在活动过程中，你可以参考高中《英语》（上教版）中 Two poems（选必三 Exploring literature 1），Touchscreen（选必二 Unit 2 Cultural focus），The Geography Lesson（必修二 Unit 2 Cultural focus）等资料，或联系英语老师提供帮助和指导。

分析说明：

教师设计了"中英诗歌大会"评价表，在发布项目内容之初，就将评价表同步发给学生。各项评价指标既是学生在开展项目式学习活动的过程中评价自己学习情况的描述性指标，也是学生对照和反思的过程性依据和指导。在评价表最后，教师还附上"友情提醒"，指导学生学会利用教材等资源开展学习，学会求助，以获得提示和指导。学生在相对较长时间内，从计划到实践，从探究到创造，朝着目标，对照指标，收集资料、主动探寻、思考研究、讨论分享、修改完善，逐一解决问题。一方面，学生通过多种手段主动学习，有效利用网络等媒体获取有关经典诗歌的信息,通过工具书与相关文献研读诗歌作品,通过自我探究和反思,不断优化学习策略。另一方面,学生积极寻求和小组成员的交流协作,增强沟通能力和团队合作能力,在持续反思探究的过程中,综合素养得到提升。

(四) 项目式学习活动完整案例

从某种意义上说,项目式学习是一个通过问题解决实现知识技能获取与迁移的过程。柯林斯等认为,促进学习的一个关键要素是让学生在一个体现了未来知识多种应用的环境中完成任务和解决问题。以问题解决为出发点的学习是有意义的学习,从这个角度出发,问题构成了项目式学习的核心和线索。在英语学科教学中,围绕核心问题的设计,对项目式学习进行整体设计,有助于更好地达成项目式学习的实施成效。在本部分中,笔者将呈现市西中学英语教研组探索的项目式学习案例,试图通过三个完整案例的呈现,展示指向学生核心素养培育的项目式学习设计与实施整体风貌,也体现这种独特的课程教学实施样态对于学生培养、教师发展和教学改进的多维度价值。

【案例一】高中英语"拓展性论文"项目

● 项目设计

引导学生通过参与课题研究的方式进行思维和能力的训练,对于创新人才培养和提升课程教学的育人价值具有重要意义。在"双新"改革背景下,市西中学从 2021 年开始推进学术型高中建设,引导学生参与课题研究成为一种可行的思路。每位学生需选一个学科或跨学科主题,在教师指导下完成学科拓展性论文,促进学生知识应用、学术规范、文献检索与评述、问题分析、方法选择与运用、研究设计与实施、逻辑思辨、写作表达等学术素养的培育与提升。

从英语学科的角度看,将英语学习与课题研究相结合,引导学生通过设计和实施课题,以拓展性论文展示研究成果,达成英语学科核心素养培育的目标,实现更深层次立德树人的价值,是"双新"改革下的又一个创新项目。

学生完成英语学科拓展性论文,有两种选题思路:一是围绕英语语言本身和英语学习,通过课题研究,对英语语言思维、中英文差异、英语语言特征等有更深的理解;二是在人与自我、人与社会、人与自然的主题语境下,选择一个自己感兴趣的切入点,可以是对英语国家历史、文化、社会等的深入探究,也可以是对中外文化的比较和思考。学生撰写拓展性论文的主要语言是英语。当然,考虑到学生语言水平的差异性,学生也可以选择以中文为主要语言撰写论文,但在研究的过程中,学生要在教师指导下,搜索并阅读英语文献等资料,论文的部分支撑案例也要以英语语言呈现。表2呈现了英语学科拓展性论文的部分选题方向。

主　　题	选　题　方　向
Language acquisition and learning (语言学习)	● 英国英语和美国英语的差异 ● 词汇学习(构词法、主题语境、同义词、近义词、反义词) ● 英语中的外来语 ● 翻译中的中英思维差异 ● 英语中不同文体的语篇结构和语言特征(新闻、广告、讲座、演讲、辩论、应用文等) ● 英语修辞在语篇中的表意功能(比喻、拟人、强调、反讽、夸张、对仗等) ● 语篇中的衔接和连贯手段(显性手段、隐性手段) ● 多模态语篇中非文字信息(图表、图片、声音、符号)的表意功能 ● 思维导图在英语学习(语法、词汇、阅读、写作)中的运用

（续表）

主　题	选　题　方　向
Cities and countries（城市与国家）	● 基于英美国家地理概况/旅游资源（自然及人文景观、代表性动植物、世界文化遗产等）对人与自然关系的反思 ● 中国对外经济、政治、文化的积极影响 ● 中外国家政治和经济等方面的差异
Literature and art（文学与艺术）	● 优秀文学作品（戏剧、诗歌、小说、经典演讲、名人传记等）中的价值观 ● 优秀文学作品（戏剧、诗歌、小说等）中的审美元素（如韵律、修辞） ● 中外艺术的表现形式及其内涵的比较（京剧、文学、绘画、建筑、园林等）
History, society and culture（历史、社会与文化）	● 日常生活习俗中的中西文化异同（餐桌礼仪、婚礼习俗、饮食习俗、拜访、送礼等） ● 常用英语典故和传说代表的文化内涵 ● 汉语和英语中相似典故和传说异同 ● 英语习语及其文化内涵（颜色、动物形象等） ● 汉语和英语中常用习语（成语、俗语）的异同 ● 中西禁忌文化异同 ● 英美国家主要传统节日及其历史与现实意义 ● 中外传统节日的异同（春节和圣诞节、感恩节与中秋节等） ● 影视、音乐、戏剧作品中的审美元素 ● 影视、音乐、戏剧作品中的价值观 ● 世界重要历史文化现象的渊源和共同价值 ● 社会热点问题/文化现象的分析与思考 ● 英美国家主要大众传播媒体的价值取向
Social communication（社会交际）	● 语用知识（正式语与非正式语、直接或委婉、口头或书面语等）在得体交际中的运用 ● 日常交际语（称呼称谓、问候、介绍、道歉、拒绝、

（续表）

主　　题	选　题　方　向
Social communication （社会交际）	告别、感谢、建议、请求、祝愿、接受等）在中外文化中差异 ● 非语言手段（Non-verbal language，如目光、表情、手势、姿势、动作等）在口头表达中的运用及其功能意义 ● 网络语言、网络语言暴力、网络种族或者地域歧视等社会现象及背后的哲学思考

表2　英语学科拓展性论文部分选题方向

● **项目活动过程**

1. 选题和开题

学生从英语学习中自己感兴趣的或某个引起困惑的问题出发，初步确定大致的研究方向，并在导师指导下，通过文献等学习资源的检索和梳理，了解相关领域的国内外研究现状，确定适合的选题后，完成开题论证。

以下是部分学生的选题名称：

● 高中生视角下鲁迅《起死》杨宪益、戴乃迭英译本中隐喻翻译策略分析

● 高一新生英语听说能力与初高中衔接应对方案及其效果研究

● 由翻译方式探究汉语中英源外来词在日常生活中的作用

● 语境在中国近代散文英译中的作用——以《荷塘月色》英译为例

● 人工智能批改英语作文的可行性探究

● 从文学作品中初探北欧社会的"詹代法则"与个性发展

● 《傲慢与偏见》与《简·爱》人物形象对比分析

- 基于"艾宾浩斯遗忘曲线"研究高中生记忆英语词汇的策略
- 中英语言差异对比分析——以广告语为例
- 提升高中英语多义词学习效果的方法探究——英语词汇软件功能改进
- 在线英语词典对上海高中生英语词汇学习的影响—以上海市市西中学学生为例
- 音乐剧歌词多译本中的增译策略对比研究——以《汉密尔顿》为例
- 核心素养视角下,中学生利用 App 自主学习英语的行动研究

从学生的开题论证中,可以看到学生对身边的英语语言现象和语言学习的相关问题有着诸多思考,也有强烈的探究欲望和兴趣。

胡同学注意到,随着全球化进程的加快,汉语中英源外来词汇的数量日益增多,对现代汉语产生诸多影响,外来词的产生是一种文化交融的现象,对其利弊影响,人们各执己见。因此,他决定以翻译方式为切入点,总结归纳英源外来词在日常生活中的作用,并试着分析英源外来词对汉语的影响。

王同学对于人工智能很有兴趣,听说人工智能批改英语作文存在大量误判错判时,就产生了为这个领域贡献智慧和力量的想法。他的课题就是研究人工智能批改英语作文背后的语言模型和批改标准,通过研究并修改指令,针对目前人工智能批改英语作文的缺陷提出改进设想。

罗同学每天坐地铁,对广告词中汉语和英语的显著差别产生了兴趣,于是收集了大量的汉英广告词,试图分析广告语中的汉英语言差异,归纳总结汉英广告词各自体现出的语言特色。

2. 课题研究过程

在研究过程中,学生需要或大量阅读相关语篇、书籍、文献,

或分析比较大量语言案例,或观看相关视频影片等,根据需要还会开展问卷调查、实地考察甚至开展一些中英文采访。其间,学生还要经历课题研究中期答辩。

以杨同学开展《高中生视角下鲁迅〈起死〉杨宪益、戴乃迭英译本中隐喻翻译策略分析》的研究为例,她从四字格的汉英翻译中体会到了英语学习的乐趣,因此决定选取鲁迅小说集《故事新编》中《起死》一文,通过对杨宗宪、戴乃迭英译本的翻译处理分析,从高中生视角,将四字格作为主要载体提出隐喻的翻译应用策略。她研究了各类翻译方法,研读《起死》及其英译本,分析翻译特点、翻译方法和策略,从高中生的学习实际,归纳了汉译英实践中对于四字格处理的方法。

3. 结题与展示

研究之后,经过不断修改、完善,学生会形成一篇拓展性论文,并参加结题答辩。优秀的拓展性论文会在全校师生中进行分享展示。许多学生最后形成的拓展性论文虽尚显稚嫩,其中也不乏惊喜,足以体现学生的学术素养。

以下是杨同学《高中生视角下鲁迅〈起死〉杨宪益、戴乃迭英译本中隐喻翻译策略分析》最后形成的论文片段。

原文:你是<u>贪生怕死</u>,<u>倒行逆施</u>,成了这样的呢?(橐橐。)还是失掉地盘,吃着板刀,成了这样的呢?(橐橐。)

译文:Did <u>greed</u>, <u>cowardice</u> and <u>disregard for the right</u> reduce you to this?(Rap, rap.) Did the loss of power and subsequent decapitation reduce you to this?(Rap, rap.)

原文中作者连用两个四字格成语"贪生怕死""倒行逆施",写出了文中庄子对于骷髅死因的猜测。

"贪生怕死"为"动宾＋动宾"四字格结构,以对立的逻辑结构成对存在。在杨、戴译本中,将原动宾结构转化为英语中较为正式、简洁的名词,并保留了动词"贪""怕"的修辞效果,选用了"greed"和"cowardice"进行处理,更符合英语的表达效果。

"倒行逆施"出自《史记·伍子胥列传》"吾日暮途远,吾故倒行而逆施之",在文中的时代背景下可理解为违反常规、违反上级意愿等行为。译文中对该四字格翻译采取名词化,以求保持原文的两个四字格并列形式。将具有文化语境的表达转化为名词性词组,简明清晰,便于译入语读者的理解。

杨同学不仅研究了大量书中的翻译,还将学到的翻译策略运用到平时的学习中,自己尝试翻译了不少四字格,例如:

门可罗雀——attract few visitors

"门可罗雀"原指门外可张网捕雀,出自《史记·汲郑列传》,现在一般形容门庭冷落、宾客稀少之况。如果采用直译的方法,处理为"we can capture birds in the court",就显得太过生硬,不能传达出隐喻性四字格所处的文化语境,因此,不妨直接将词语的比喻义表达出来,比如翻译成"attract few visitors"。

在最后的结题答辩和展示环节,学生不仅要结合自己的研究成果进行分享和展示,更要对自己研究过程中使用的方法、策略进行反思和交流,这也是一次合作和相互学习的机会。

部分学生体会

学生 A:为了做课题研究,我要全方位地去寻找相关信息,还要学会在茫茫信息中甄别出准确信息,在这个过程中,我学会了高效地在信息爆炸的时代里筛选信息为自己所用。

学生 B:真的没想到,从来不敢读原版的我,在完成《〈傲慢与偏见〉与〈简·爱〉人物形象对比分析》拓展性论文过程中,读完了这两本原版小说,还学习了不少阅读小说、研究和分析小说人物的方法,现在我不仅英语阅读速度提高了,对英语小说的赏析能力也提高了呢。

学生 C:在完成课题、撰写拓展性论文的过程中,我阅读了大量的英语作品,第一次不仅仅是为了读懂,还带着自己的研究目的去读,带着研究的视角、批判的眼光边读边分析英语作品,让我对英语语言的学习有了新的认识。这样新奇的学习模式,让我意识到,借助各种工具和资源,我自己就可以有效地开展学习。

● **反思与分析**

本项目式学习活动中,学生从学术研究的角度出发,围绕英语学习的一个问题,进行自主学习和深入探究,在提出问题、分析问题、解决问题的过程中,学习研读文献、文学作品、专题报告、评论、新媒体语篇、科研和学术报告等多类型语篇。在清晰的目标导向下,学生不仅获取和整合信息,进行信息的重组和建构,还根据需要做多次的信息检索和方法调整,不断补充和完善新的认知建构,综合运用语言知识和技能,关注中西方之间的文化差异,有逻辑、有条理地表达自己的观点,进行充分的论证和阐述,最终形成拓展性论文这一成果。在项目式学习活动中,学生综合运用语言的能力得到提高,批判性思维和跨文化意识也都得到增强,自主学习、探究学习的能力更是大幅度地提升。

【案例二】英语戏剧节汇演①

项目设计

英语戏剧节《剧院魅影》汇演源于旧版高中教材中 *The Phantom of the Opera* 一文，作为市西中学高一年级的英语学科特色活动已开展了十多届，成为经典剧目。由于新教材的投入使用，教师们一度考虑根据教材改变剧目，甚至考虑将戏剧节改成其他形式的活动，但学生们强烈要求保留该剧目，一方面是致敬经典，另一方面活动本身也很经典，深受学生喜爱和欢迎，学生们都跃跃欲试，他们说，虽然新教材中没有 *The Phantom of the Opera* 这篇课文，但是读经典、品经典对于英语学习来说还是很有意义和价值的。

英语戏剧节的这个项目活动，围绕"人与社会"中的"文学与艺术"主题群，让学生通过表演来读经典和品经典，具有综合性、关联性和实践性特点，正是全方位培养语言能力、文化意识、思维品质、学习能力等学科核心素养的良机。要呈现一部完整的英语戏剧，学生需要经历英语剧本创编，英语对白、唱段排练和演绎，舞台表演的表情、动作打磨，综合设计舞台布景、道具、灯光、音乐等过程，还需要计划组织、寻找、整合资源，不断评价调整。在整个过程中，学生综合运用语言知识与技能，丰富戏剧、文学等相关文化知识，发展逻辑思维、批判性思维和创新思维等高阶思维能力，提升合作和探究学习能力，发展协调和沟通能力，有效促进学生英语学科核心素养的发展，推进学科育人功能的落实。

戏剧文本是重要的文学体裁，包含着人物对话、舞台行动指示，指向舞台表演。戏剧文本通过对话和行动展现情节和人物

---

① 本案例由市西中学戴蕾老师提供。

性格,无论是阅读戏剧类作品还是创作戏剧台词,都需要想象力、感受力、创造力和语言表达能力。剧本语言大量的留白给予创造性英语学习活动很大的空间。戏剧文本以幕为单位,通常要求戏剧冲突集中,高中学生在了解整剧剧情的前提下,集中研读单幕剧本或进行单幕剧本的创作是切实可行的。戏剧文本自身具有丰富的历史文化含义,反映了当时社会、政治、文化背景下人们的思想观念、价值取向和生活状态。学生通过对英语戏剧文本的学习和赏析,可以拓宽视野、提升文化素养。而表演创作包含了听、说、看和肢体动作,使语言素养和表达能力的表现更为具体。学生可以根据自己的个人特质和兴趣特长选择编剧、导演、演员、服装、道具和化妆等多种"角色",沟通素养、读写素养、文化素养、态度素养和策略素养都可以得到全面的提升。

● **项目活动过程**

1.《剧院魅影》剧作赏析

课时	教学主题与内容	设 计 说 明	评估形式
Period 1—2	Reading：A Taste of *The Phantom of the Opera*	通读课文《剧院魅影》,把握大意,扫清生词与难词障碍;了解剧作者生平和创作背景;掌握戏剧作品的文本特征。	人物关系图故事链
Period 3—4	Analysis & discussion：plot and theme	深入解读课文以及教师补充的戏剧作品/电影作品片段,掌握作品的戏剧冲突、分析人物形象;以4—5人为小组,选取文中情节和主旨做分析和交流,并以口头报告的形式汇报。	观后感/阅读笔记 口头汇报

（续表）

课时	教学主题与内容	设 计 说 明	评估形式
Period 5—6	Character & language analysis	朗读并演绎原著作品片段，通过表演的方式探讨角色话语的潜台词，探究人物性格和命运；在课堂讨论的基础上，为自己感兴趣的角色撰写人物小传。	人物独白人物小传
Period 7—8	Writing in the role	选择一个印象深刻的场景，根据情节梗概改编人物对话，要求符合人物性格、人物关系；选取体现人物命运的两到三个情节片段，将其创造性地串联在一起，形成富有冲突的短剧片段。	剧本片段课堂表演
Period 9—10	Group work：create a short play	以 7—8 人为小组，选取《剧院魅影》任一段落进行剧本创作，并准备在班内表演展示。	创编剧本
Period 11—12	In-class performance and evaluation	小组展演，教师点评、生生点评；教师就剧本、表演、戏剧表现进行点评和指导。	小组表演

2. 剧本创编

这一阶段的主要任务是学习剧本创编，在完成对话创作、剧情创作之后，教师鼓励学生自发组建演出小组，并选出导演和编剧，导演负责指定排练时间、组织开会、协调进度、给演员分配排练任务，也可以组织小组头脑风暴确定剧目和表演风格等。组里还选择语音好、口语流利的学生担任台词教练,帮助演员纠音,或者设计具有角色特点的口音和台词等,每个小组各自为年级汇演做准备。

活动内容与主题	任　　务	阶段成果
各班抽签主题和剧情概要;确定班级剧组	确定导演、编剧小组、角色小组、音效灯光和服道化小组;确定剧情大纲和主要角色;准备海报制作	演职人员/海报
根据原作内容创编作品	创编作品内容,包括台词、舞台行动、主题说明等	剧本
排练	分配角色;在排练中研讨、修改部分台词	小组表演
会务讨论	灯光、音效、服装、道具设计	设计说明/图纸
正式演出	欣赏、评价	反思

学生代表在老师的指导和支持下,确定每一幕的主题。各班级抽签,并根据抽到的主题进行片段创编,可以对原作的细节进行调整和增减。编剧和导演确定剧情主线和主要角色,并征集演员和工作人员,筹备剧组。剧本创编由编剧完成主要部分,但台词和舞台行动提示则在排练过程中由导演和演员一边排练一边修改,使台词更加符合情景中的角色心理和人物关系,更具个性魅力。学生们的创作意识和能动性被最大程度地激发出来。通过沉浸式体验角色人物,学生们在排练中不断磨合,设计最适合人物的形体动作,在实践中逐步提高对戏剧演出基本规律的理解和对英语戏剧语言的理解。

3. 年级汇演

各班级表演团队按照事先抽签决定的剧幕顺序进行年级汇演。

剧 目	场景和具体内容	立意与问题解决
序幕（Prologue）	拍卖会上，老年 Raoul 和 Meg 竞拍到了猴子八音盒，回忆起 Christine 和 Phantom 的往事。	通过倒叙手法，引出人物，铺垫主要人物之间的关系。
第一幕：A Letter from the Phantom	剧院两位经理 Firmin 和 Andrés 收到了神秘人（Phantom）的恐吓信，和资助人贵族青年 Raoul 讨论如何应对。	建立主要人物关系和主要角色性格。
第二幕 Rising Star	Carlotta 受到威胁，拒绝排戏，Christine 得以大放光芒成为女主唱，声名大噪。	突出 Christine 的才华，同时也隐现 Phantom 这位导师的才华。
第三幕 Reunion	Christine 和 Raoul 重逢、相认；Phantom 从暗处走出，第一次直面 Christine，表露自己的情感，Christine 跟随 Phantom 走入地下宫殿。	两重"重逢"（Reunion）需要通过 Christine 的唱段，以及肢体动作的可控与不可控来对比。 通往地下宫殿的隧道和小船需要用道具灯光，并配合恰当的音乐来烘托神秘的氛围。
第四幕 Disillusion	地下宫殿里，Phantom 沉醉于他的歌剧王国，Christine 无意间揭开 Phantom 的面具，两人爆发冲突。	幻灭（Disillusion）具有两重含义：（1）Christine 对心目中完美的音乐导师形象的覆灭；（2）Christine 对摘下面具的 Phantom 恐惧和回避给 Phantom 造成的幻灭。

（续表）

剧　目	场景和具体内容	立意与问题解决
第四幕 Disillusion		加入了 Phantom 小时遭人欺凌的剧情，成年 Phantom 和幼年 Phantom 的对话，时空交错，使 Phantom 的悲情和宿命感更加立体。
第五幕 Promise	天台上 Raoul 和 Christine 互诉衷肠，互相许下相爱誓言；Phantom 听到后伤心欲绝，发誓要报复二人。	利用舞台空间的风格体现 Christine 的矛盾心理，用恰当的音乐和台词烘托人物情感和气氛。
第六幕 The War is On	剧院排练厅里 Phantom 制造诡异的气氛，众人惊吓不已，Raoul 在众人面前向暗处的 Phantom 宣战；Phantom 在墓地乔装 Christine 的父亲引诱 Christine 投入他的怀抱，被赶来的 Raoul 揭露，两人发生肢体冲突；Raoul 带 Christine 离开。	两个场景转换的舞美设计需要精心设计。 第一个场景中群戏（角色调度走位和台词深度互动）是表现封闭剧场中诡异气氛的关键。 墓地场景中的舞台布景、火焰、角色肢体冲突时的动作设计。演员用黑布包裹做人体道具"栅栏""门"帮助 Phantom 和 Raoul 在打斗中转换场景，完成"特效"动作。
第七幕 Trap	剧院里正进行盛大的化装舞会，因为 Phantom 的威胁信，在 Raoul 的大力推动下，众人决定设置圈套诱捕 Phantom；不料 Phantom 先发制人，不仅再次制造恐怖事件，还劫走了 Christine。	群戏要乱中有序，人物情绪饱满，突出 Phantom 的"狠"。

（续表）

剧　目	场景和具体内容	立意与问题解决
第八幕 Duel	Raoul 只身进入地下宫殿营救 Christine，心甘情愿为 Phantom 所俘；Christine 与 Phantom 对峙，在 Christine 的劝说和眼泪中，Phantom 终于放下执念，放走两人。	台词改编体现 Phantom 的理智和人性终于战胜黑暗与偏执，通过动作凸显 Phantom 前后情绪的大起大落。Christine 的情绪控制要恰到好处，台词恰当留白。
尾声 （Epilogue）	拍卖会上的老年 Raoul 打开猴子八音盒，找到了一张少女 Christine 的画像和一封 Phantom 的独白信。	与序幕（Prologue）遥相呼应，解开了"Phantom 的心路历程和坎坷命运"，完成双向救赎的主题。

4. 评价反思阶段

评价反思阶段是对戏剧实践的总结，可以采取演后谈的形式，由教师点评，学生讨论，在互动之间提高学生的观察能力和思考能力，也可以采取书面汇报的方式。项目式学习活动中，剧组演职人员可以根据自己的任务来撰写日志甚至论文：演员写人物小传和演员手记，导演写分场景阐释，服装、道具、化妆、灯光、音效写设计理念，没有任何演出任务的学生可以写汇演的剧评。这些都可以作为项目式学习活动的过程性材料，成为评估的重要部分。

活动评价标准：

The students are expected to：

1. understand the basic components (the setting, characters, and plot) of a story or a play and be able to get a holistic picture

of a story or a play；

2. grasp the key language points（new/difficult words，phrases，sentence structures）in this unit and apply them correctly and flexibly in oral and written communication；

3. enrich their knowledge as well as experience of theatrical performance in the English language；

4. improve the ability to analyze and appreciate a story or a play from different perspectives；

5. learn how to summarize a story in their own words；

6. get a gist of playwriting and develop creative thinking；

7. learn how to listen for the plot of a story as well as specific information in the story；

8. develop an interest in theatrical art；

9. learn to view people in a fair and objective way and to show love to those who have physical or mental weaknesses；

10. improve the ability to learn independently through individual tasks as well as the ability to learn cooperatively through group activities.

参照学业质量水平：

序号	质　量　描　述
1-2	能根据重音、语调、节奏的变化,理解说话人所表达的意义、意图和情感态度。
1-7	能通过重音、语调、节奏的变化,表达特殊的意义、意图和情感态度。
1-9	能借助多模态语篇中的非文字资源,理解语篇意义。
2-6	能在口头表达过程中有目的地选择词汇和语法结构。

(续表)

序号	质 量 描 述
2-11	能在语境中理解具体词语的功能,词语的内涵和外延以及使用者的意图和态度;能理解语篇中特点语言的使用意图以及语言在反映情感态度和价值观中所起的作用。
2-14	能在表达过程中有目的地选择词汇和语法结构,确切表达意思,体现意义的逻辑关联性;能使用多模态语篇资源,达到特殊的表达效果。
3-7	能针对所看过的电影、电视、戏剧发表评论,表达个人观点。
3-11	能识别语篇中使用的隐喻等修辞手法并理解其意义。
3-12	理解和欣赏经典演讲、文学名著、名人传记、电影、电视等,分析评价语篇所包含的审美元素。
3-13	能通过书面方式再现想象的经历和事物,对事实、观点、经历进行评价;能根据需要创建不同形式的语篇。

小组评分规则(用于自测):

评价维度	项目分类	层级一	层级二	层级三
语言能力	情感	共情	真实	平淡
	语言	自然、得体、流畅	自然、流畅	流畅
思维能力	文本理解	深度理解	理解	基本理解
	问题解决	有效解决	解决	基本解决
创造能力	剧本创造	创新性强	较好创新	有创新
	舞台创造	整体协调流畅	整体协调	基本协调

（续表）

评价维度	项目分类	层级一	层级二	层级三
实践能力	合作	协作力强	协作力高	有协作力
	表演	人物形象塑造力强	人物形象塑造较好	人物形象塑造一般

● **反思与分析**

　　戏剧是文化的表达形式之一,通过学习不同文化中的戏剧作品,学生可以拓宽对不同文化的了解和认知,增强跨文化意识。而在表演过程中,每个角色的碰撞,也反映了不同文化背景和观点的碰撞。无论在剧本研读还是剧本创编阶段,教师都鼓励学生尝试新的角色、情境和创意表达方式,发挥想象力和创造力,并且在语言、肢体和舞台调度上呈现出一个完整而有创意的作品。

　　戏剧表演是一个语言实践过程,承载着文本解读、角色分析、人物塑造、剧本创编等环节。学生通过表演感受人物的命运和情绪,深入不同的角色,切实提高了他们的共情能力;角色分析和人物塑造锻炼了他们综合文字表达能力;剧本创编建立在对原著的深刻理解上,还锻炼了他们的迁移能力和创新素养。

　　当然,不少戏剧作品(如莎士比亚的作品)的原著虽然经典,但是语言较为生涩,难度高、内容可能与时代脱节,不适合高中生演绎。直接将戏剧文本作为剧本搬上表演舞台,要求学生在熟练背诵文本之后进行机械的模仿式表演,一定程度上会束缚学生,且无法有效检验学生对文本的深入理解,不能更好地调动学生的学习兴趣和积极性。而让学生直接原创剧本并表演,虽然可以调动学生的积极性,但缺少了学生阅读经典和教师阅读指导的环节,会让剧本质量受到学生英语素养的限制而参差不齐。戏剧文本的范式学习的意义不复存在。因此,让学生在文本理解的基础上对原著戏剧作品进行创编导演,可以让学生对文本的主旨大意、叙事结构有更深入的理解,并且保有在原著人物/主旨的基础上进行语言和内容恰当改编的权利,体现学生个性化的解读和表达。

此外,教师将该项目式学习活动作为年级层面的学科活动,持续两个月左右,是扩大参与面、形成学习氛围的重要途径。每个班率先进行班级内部表演,通过回顾和反思,加深对戏剧作品的理解和欣赏,并选出班级竞演团队,参与年级汇演。年级汇演在某种程度上引入"竞赛"和展评的因素,激发学生的集体荣誉感,极大促进各班级剧组之间的学习交流和分享。

【案例三】图书馆小说阅读推介活动

● 项目设计

英国作家斯蒂尔曾说:"Reading is to the mind what exercise is to the body.(阅读之于心灵,犹如锻炼之于身体。)"对于学习英语的学生来说,阅读不应只是读非连续性文本,语言材料的长度也不应局限于高考要求的语篇长度,更不应该都是碎片化阅读。阅读整部的英语原著,具有平常的语篇阅读所不具备的价值,有助于学生提高英语语言能力,了解外国文化,对中外文化进行深入思考,更全面地认识世界,形成正确的价值取向,同时开阔阅读视野,建构阅读经验,形成适合自己的读书方法,提升阅读鉴赏能力,养成良好的阅读习惯和学习习惯。大量实践证明,阅读英文原著不仅对英语学习有很大的促进作用,还能够提供相对完整的文化场域,推动学生认知的逐渐完善,促进阅读策略等学习策略的综合运用,承载能力与素养的进阶发展。

　　但是,不是所有的英文原著都适合拿来给高中学生阅读的。对于大部分高中学生来说,因为词汇量不够,或缺乏文化背景知识,读非小说类或者一些意识流小说类的英语原著无疑会成为一件挑战极大、备受挫折的事。许多学生往往满怀雄心壮志地开始阅读,却因为选错了书,很快就半途而废,不仅浪费时间,对英语学习也没有帮助,甚至还有可能从此失去阅读英语原著的兴趣和信心。从高中学生的年龄特点、认知水平,以及英语学习的规律和特点考虑,故事性较强的英语原版小说,是相对合理的选择。

　　从读书的角度来看,阅读,要源于书,又高于书。一千个读者眼中有一千个哈姆雷特。阅读的意义和价值,不只是被动地从书中获取知识和观点,而是通过阅读一本书,引发我们的思考,与我们过去所学、所经历的联系在一起,建构新的认知,形成新的观点,从而发展更高阶的思维和能力。但是,因为认知水平的差异,体验经历的不同,每个人对自己所读的书的认识总是有限的,甚至会有无法避免的偏见。我们还要多听一听其他人的声音,才能更为全面地看待书中的观点,更深刻地理解正在阅读的书。

　　从学生阅读英语原版小说的过程来看,学生不可避免地会遇到一些障碍和困难,有人遇到生词或缺乏一定的文化背景知识,造成无法理解或形成误解,有人没有相关的经历或体验,造成无法产生共鸣或共情,还有些学生因为在英语阅读过程中,既要查单词,又要检索背景知识,无法理解的时候还反复去读,导致进展缓慢,又劳神劳力,因而逐渐丧失阅读兴趣。因此,以小组共读一本书的方式,既可以通过分工合作,减轻压力和负担,又可以相互督促和鼓励,以责任心持续驱动,坚持阅读,还可以通过定期的分享、交流、讨论,获得新的认识和视角,为阅读带来乐趣和意义。

小组共读可以给学生阅读英语小说提供支持、动力和乐趣，但要更好地驱动每个小组高效率、高品质地开展阅读、讨论、分享等活动，还需要让他们拥有一个共同的目标，并为实现这个目标设定一个期限。因此，教师设计了"图书馆小说阅读推介"活动，实现"阅读、讨论、分享、展示"的项目闭环，每个小组利用暑假2个月的时间完成"阅读、讨论、分享"活动后，在开学初，在图书馆"展示"，为学弟学妹做"小说阅读推介"，再由学弟学妹和老师们一起，评选"最受欢迎推介小说"。

● 项目活动过程

每个小组由4—6位同学组成，每个小组根据共同的喜好，可在图书馆管理员老师的推荐小说中选择一本，也可以小组讨论在推荐清单之外选择一本英语原版小说。

为了更好地促进阅读、讨论和分享的质量，当然也为了最终小说推介展示的成果形成，教师参考阅读圈（Literature circles）模式，提供了支架性工具。

其中一个工具是小组成员在活动中担任的角色或职责清单。

1. Organizer：负责制订计划，监督活动推进，组织小组讨论等。

2. Character analyst：主要针对阅读书籍中的某一人物和其特点进行分析。

3. Culture ambassador：负责对阅读内容相关的文化背景知识进行检索、整理、汇报和评论。

4. Critic：负责对所读内容以及分享交流中的观点，进行评论。

5. Challenger：就所读内容的细节进行整理分析，并提出思考性、挑战性问题。

6. Connector：负责将阅读内容联系生活实际，并分享感受和经验。

7. Observer：负责在阅读、讨论、分享过程中根据情况提出意见和建议，并负责最终代表小组向全班做汇报和分享。

8. Word master：在阅读过程中，负责按主题或其他线索，收集词汇并联系阅读内容给出注释，同时提出这些词汇在行文中的内涵和外延。

9. Comparer：负责提供有可比性或可联系阅读的其他阅读材料，负责从中找到相似或相反的内容。

10. Summarizer：负责对每阶段的阅读内容以及每次讨论分享中产生的观点等进行总结概述，并做记录。

　　每个小组的学生可以根据阅读材料的需要自主选择1—2个角色。如果小组经过讨论，也可以自己设置其他角色和职责，只要有助于共同阅读和讨论分享。

　　另一个工具是阅读日志模板，有的用于故事情节的梳理和思考，有的用于人物分析，还有的用于指导学生进行联想阅读、文本对比等。

　　教师也可以鼓励学生以此为启发，自己设计模板，以便更好地在阅读过程中记录和整理自己需要的信息，形成自己的观点和想法。

　　学生按照小组商定好的阅读计划，各自独立阅读，根据自己在小组中特定的角色或职责，使用模板，做好开放式阅读日志的记录。在每周一次小组集中讨论分享会中，不同的角色带着自己的内容，在组长的组织下参加小组讨论和分享。讨论分享后，小组全体同学就进入下一周的独立阅读。此外，在结束一周的讨论分享会后，小组成员还可以提出重新选择自己的角色，在下一周的阅读活动中，就可以从不同的角度去进行阅读。通过承担不同角色，并进行讨论、分享，学生可以有效地对所读内容进行信息加工、思维拓展和深度学习，也可以培养不同的阅读策略和学习策略。

　　在完成了整本原版小说的阅读后，小组成员一起商量"推介展示"的方案。他们要将"阅读、讨论、分享"的内容重新进行挑选和梳理,确定从哪几个角度来推介这本小说,然后制作展示海报或演示幻灯片,准备演讲稿,甚至可以穿插排练一段"情节再现",目的就是使自己小组的"推介展示"足够吸引人,让更多的学弟学妹在看了展示之后,选择读他们推介的小说。

整个项目活动过程中,教师和学生根据课程标准中"小说阅读"相关的内容要求和学业质量水平,共同设计了阅读评价表和"小说推介展示"模板。

参照内容要求:

要素	内　　容　　要　　求
语言知识	● 在语境中,理解具体词语的功能、词义的内涵和外延以及使用者的意图和态度等; ● 文学语篇的写作风格和主要语言特征; ● 根据交际具体情境,正确理解他人的态度、情感和观点,运用得体的语言形式,表达自己的态度、情感和观点。
文化知识	● 理解和欣赏部分英语优秀文学作品(戏剧、诗歌、小说等);从作品的意蕴美中获得积极的人生态度和价值观启示; ● 通过比较、分析、思考,区分和鉴别语篇包含或反映的社会文化现象,并做出正确的价值判断。
语言技能	● 把握语篇中主要事件的来龙去脉; ● 根据上下文推断语篇中的隐含意义; ● 将语篇的内容与自身的经历联系起来。
学习策略	● 通过图书馆、互联网、报纸、杂志、广播或电视等多种渠道查找语言学习所需的信息和材料; ● 有效地对所获取的信息进行筛选、分类、重组等,为不断扩展知识和创建新信息奠定基础; ● 有自主学习和合作学习的能力,乐于分享学习资源和学习经验,主动开展课外学习。

参照学业质量水平：

序号	质　量　描　述
1-10	能基于所读和所看的内容，进行推断、比较、分析和概括。
1-11	能识别语篇为传递意义而选用的主要词汇和语法结构。
1-14	能借助多模态语篇资源提高表达效果。
2-11	能在语境中理解具体词语的功能、词语的内涵和外延以及使用者的意图和态度；能理解语篇中特定语言的使用意图以及语言在反映情感态度和价值观中所起的作用。
2-12	能识别语篇间接反映或隐含的社会文化现象。
2-13	能描述事件发生、发展的过程；能描述人或事物的特征、说明概念；能概述所读语篇的主要内容或续写语篇。
2-14	能在表达过程中有目的地选择词汇和语法结构，确切表达意思，体现意义的逻辑关联性。
3-9	能阐释和评价语篇所反映的情感、态度和价值观。
3-12	理解和欣赏经典演讲、文学名著、名人传记、电影、电视等，分析评价语篇所包含的审美元素。
3-13	能根据需要创建不同形式的语篇。

阅读评价表：

Checklist	Me	My team	Reflective note
本周你是否完成了阅读计划？			
你是否根据自己的角色做好了阅读记录？			

（续表）

Checklist	Me	My team	Reflective note
你的阅读记录对于你参与讨论分享是否有帮助？			
你的讨论分享对小组成员是否有帮助和启发？			
你的小组成员是否认为你较出色地完成了角色任务？			
你在阅读中会经常思考吗？			
你在阅读中会经常联想到实际生活吗？			
你对小说的背景文化了解更多了吗？			
在下阶段的阅读过程中还有什么值得关注和改进的地方吗？			
在下次的讨论分享中还有什么值得关注和改进的地方吗？			

"小说推介展示"模板：

My reading choice：_____

The reasons why I choose this novel：

1. _____

2. _____

3. _____

    Class _____　　Name _____

● 反思与分析

在这个项目式学习活动中,学生带着角色和任务开展阅读、讨论、分享,可以学习从多角度深入理解文本,整合运用语言表达观点、阐释意义、提出问题,综合提升语言能力;分析论证文本试图表达的观点,进行批判性思考,有逻辑地提出自己的观点,提升思维品质;联系并思考现实,展开文化比较,增强文化意识;同时还提高了自主学习和合作学习的能力。最后以"小说推介"为成果展示形式,学生为了更好地展示自己的阅读体会和成果,还需要学习如何做书籍推介和广告宣传,判断哪些小说中的内容可以适当剧透,哪些需要设置悬念,引发读者的好奇或兴趣,同时图文排版要精美,要吸引读者眼球等。因为是现场推介,甚至还有小组尝试排练一段舞台剧。此时,台词、表演、舞台站位、道具舞美等,都需要去学习。可以说,在整个项目完成的过程中,学生的综合能力和素养都有了提升。

三、项目式学习活动的价值和反思

核心素养的本质是培养学生学以致用的能力,也就是运用所学知识解决现实生活中出现的真实问题的能力。随着核心素养时代的到来,教师要在"记忆型"人才的基础上培养具有能动性的"思考型"人才,帮助学生逐步实现从"学会"到"会学",再到"乐学"的逐级跃迁。在这一过程中,项目式学习作为一种独特的学习样态,在培养学生核心素养,实现教师身份角色转化的过程中,具有积极的价值。结合英语"双新"改革的现实需要,从项目式学习更好地承担学科核心素养培育的使命出发,在高中英语学科教学中开展项目式学习,既需要把握项目式学习活动对于英语学科核心素养的多维度价值,也需要在实践中把握需要注意的问题。

（一）项目式学习活动对学科核心素养培育的重要价值

学科核心素养是学科育人价值的集中体现，课程标准提出了包括语言能力、文化意识、思维品质和学习能力四个维度的学科核心素养，成为引领课程教学改革的重要价值导向。但是从整体上看，目前的高中英语教学仍存在一些影响和制约学生学科核心素养培育的问题，比如在语言能力维度上没有充分考虑语言能力的多维度特征，语言教学的割裂化现象比较明显，知识和能力的有效融合不够；在文化意识维度上过于重视语言本身的教学，而忽视文化意识的培养；在思维品质维度上没有注重引发学生深度思考，缺少指向高阶思维能力培养的有效教学设计；在学习能力的维度上未能强化对学生自主学习能力的培养，对过程性的、真实性的评价设计做得不够。针对上述问题，项目式学习活动作为一种独特的学习方式，能够打通英语学科教学和学科核心素养培育之间的内在关联，并在学生核心素养培育的实践过程中发挥积极的价值。

首先，项目式学习活动有助于建构英语学科的核心知识体系。项目式学习活动中"做中学"的核心要义能够帮助学生在使用相关语言知识解决问题，在完成项目实践的过程中更好地理解学科的核心知识和概念，优化学科知识体系。同时项目式学习活动所创设的真实的语言情景能够激活学生的知识储备，帮助学生建构学科知识和问题解决之间的有效关联，从而帮助学生将零散的语言知识进行系统化地整合和梳理，完成语言"习得—内化—输出"的过程，有效解决传统英语教学中语言知识的教学割裂化问题，综合提升学生的语言能力。

其次，项目式学习活动有助于涵养学生的文化意识。在项目式学习活动的设计和实施中，教师能够跳出单纯的知识导向模式，主动对教学内容进行主题式的凝练，对其中蕴含的文化元素进行剖析和梳理,从而创设一种文化体验、文化沟通的有效场景,帮助学生更好地理解不同文化间的差异,涵养文化自觉和文化自信。

再次,项目式学习活动有助于培养学生的高阶思维能力。从某种意义上说,思维品质体现了英语学科核心素养的心智特征。思维品质的发展有助于提升学生的问题分析和解决能力。项目式学习作为一种以问题解决为导向的探究式学习方式,特别强调学生在真实的情境下通过知识的综合运用解决复杂的问题。在这一问题的解决过程中必然会锻炼提升学生的思维能力,特别是高阶思维能力。

最后,项目式学习活动有助于实现学生学习能力的进阶和提升。项目式学习活动为提升学生的学习能力搭建了一个丰富、开放的展示平台,学生为了完成项目式学习规定的任务,需要运用多种能力,包括信息收集能力、团队合作能力、项目设计能力、沟通表达能力,自主学习探究能力等。这些能力都在某种程度上建构着学生独特的学习能力。通过项目式学习的实践,学生能够在更广阔的平台上夯实自己的自主学习基础,提升自主学习能力,从而为后续的学习和其他领域核心素养的培育提供支持。

(二)学科核心素养导向的项目式学习活动反思

整体而言,英语学科的项目式学习活动是一种以项目为导向的教学方法,旨在通过完成具有实际意义的项目任务来提高学生的英语语言运用能力和综合素养。在开展英语项目式学习活动时,应该注意以下几个问题。

要合理选择项目的主题和内容,选择与学生兴趣和生活实际相关的项目,可以增强学生的参与度和学习动力;要有明确清晰的学习目标,每个项目都应该有清晰的学习目标,这些目标应与课程标准中的学习要求相符合；要注重教学过程中各类资源的整合和运用，充分利用各种教学资源，包括教材、网络资源、多媒体工具等，为学生提供丰富的学习材料；要彰显学生的主体地位，鼓励学生参与到项目的各个环节中，包括项目的策划、执行和评估，以培养学生的自主学习能力，特别是要鼓励学生进行小组合作，以培养团队协作能力和社交技能；要建构合理的教学角色，教师应从传统的知识传授者转变为学习的引导者和协助者，更多地引导学生探索和解决问题；要建立有效的评估体系，对学生的学习成果进行及时反馈，帮助学生及时调整学习策略；要合理安排项目的时间，确保每个阶段的任务都能按时完成；要在项目式学习活动中主动融入跨文化元素，帮助学生了解不同文化背景，培养国际视野；要充分利用信息技术支持项目学习，如使用在线协作工具、语言学习软件等；要尽可能使项目的学习内容和活动能够与学生的长期学习目标相结合，促进学生持续进步；要充分考虑到学生的差异性，提供个性化的学习支持，以满足不同学生的需求。

第五章

课堂与项目式融合的学习活动设计
——以"思维广场"英语学习活动设计为例

　　良好的思维品质是人之为人的基本凭据,也是学生实现主动学习、主动发展,并涵养适应未来社会综合素养的重要前提。人类社会进入 21 世纪以来,新科技的发展大大减轻了人类学习低阶知识与技能的负荷。高阶思维作为完成复杂任务、解决劣构问题的高级综合能力,更能准确地反映当前世界各国教育对创新人才素质的要求,因而日渐成为各国推进教育教学和人才培养改革关注的重要问题。近年来,随着核心素养、深度学习等教育改革话题的兴起,高阶思维的培养再度引发广泛关注。思维既构成着教育,也依赖着教育。课程标准建构的学生核心素养体系中,学生思维品质的培养是一个重要方面。因此,通过英语学科教学的改革创新培养学生的思维能力,特别是高阶思维能力,不仅是落实课程标准的要求,也是英语学科教学更好地回应时代发展要求,拓展育人效能的必然选择。在推进课程教学和人才培养改革的过程中,市西中学创造性地提出了"思维广场"的概念,将课堂与项目式学习的理念进行整合,通过学习空间的再造引领课程实施方式和育人方式的转型,也为学科教学更好地推动"双新"改革,实现对学生核心素养的培育提供了支持。

一、"思维广场"设计理念与实践思考

近年来,随着教育领域对于传统的"教师发起—学生回应—教师评价"的教学话语体系和以知识传承为主要任务的教学目标的系统反思,思维的培养逐渐成为教育改革和人才培养的重要目标,"为思维而教"成为教育改革的流行话语方式。思维有不同的类型,其中高阶思维具有更高层次、更加整体、更具创造性的特征,因而成为当下课程教学改革的价值取向。思维的培养在很大程度上依赖于教学,但是又对传统的讲授式教学模式提出了挑战。在高中"双新"改革中,项目式学习愈发成为一种广受认可的学习模式,也被普遍认为是一种有助于学生高阶思维能力培养的教学模式。基于第四章的分析,我们可以明确,项目式学习的核心思想是通过现实世界中的真实问题捕捉学生的兴趣,并唤起其深度思考,在解决问题的情境下,使学生获得与运用新的知识。与传统教学相比,作为学习载体的项目不再是补充性的、附加性的教学方式,而被认为是替代以教师讲授为主、低阶思维培养为主的一种重要教学模式。这里的"项目"是广义的,包含案例、汇报、综合训练等多种形式在内的以高阶思维能力培养为目标的教学模式。

项目式教学的开展,不仅需要教师教学理念的转型,也需要相应的教学空间拓展和教学设施保障。从 2012 年开始,市西中学提出突破传统教室,以教学空间重构,迫使教与学方式产生根本性变革。为此,学校首创思维广场,逐渐建构了"目标引领—自主研习—合作研讨—思辨提升"的教学流程,重构了学校教学的样态,促进了学生个性化学习与发展,培养了学生高阶思维,也让学科融合的教学有了现实的依据和支撑。

（一）"思维广场"的概念及价值

学生思维能力和品质的发展是教育的目标之一，思维的培育作为中学教育重要内容，也已成为国内外基础教育研究实践中的普遍共识。高阶思维能力是创新能力、问题解决能力、决策能力和批判性思维能力的核心，近年来高阶思维及其培育的研究已成为一个教育热点问题。

思维是人脑借助语言对事物的概括和间接的反应过程，是一种理性认识或理性认识过程，它以感性认知为基础，又超越感性认知的局限，属于认知过程的高阶阶段，也是指导实践的有效模式。思维表现为不同的层次和类型，从当前的研究来看，高阶思维常常又被称为高级思维或者高水平思维，它是相对于低阶思维而言，发生在较高认知水平上的心智活动。一般而言，高阶思维的概念源自布鲁姆的认知目标分类学理论。按照布鲁姆的理解，学习目标是一个从低到高的系统，这一系统可以划分为知识、领会、应用、分析、综合、评价等六个层次。这种划分方式对世界范围的课程教学改革产生了极为深远的影响。2001年，安德森等人根据教育发展的新态势对布鲁姆的认知目标分类进行了修订，主张从记忆、理解、应用、分析、评价和创造等维度将教育目标进行分类。从高阶思维与认知水平的关系上看，一般将布鲁姆认知目标中的分析、综合、评价水平归为高阶思维（调整后的表述为分析、评价、创造）。当前，尽管对于认知分类目标体系中哪些维度、哪些水平应该归为高阶思维还存在一定争议，比如国外有研究者认为综合、创造、评价等才属于真正的高阶思维，知识的分析、应用等，都应该归类于低阶思维，但是整体而言，对于高阶思维的特征及其教育价值却已经达成共识。

然而在传统的班级授课制的课堂教学中，教学空间通常封闭单一、教学基本为教师预设，学生学习呈现目标同质性、方式统一性、进程同步性的特点,学习的主动性和独立性受到很大限制,极大地影响了学生创新素养的培育和思维能力的发展。

"思维广场"的概念与教学改革之道,正是基于对学生高阶思维能力培养的观照和对传统的封闭的、单一的班级授课模式的反思提出的。为了更好地满足不同学生的学习需要,提升学生思维品质,市西中学提出了"优势学习"教育理念,试图以"时空的突破"为切入点,首创"思维广场"的理念,倡导一种以空间变革引领的育人方式整体变革。所谓的"思维广场",实际上是一个空间大小自如、整合教室和图书馆等功能、融入信息技术、融合多元化课程资源、保障多样性学习方式、半封闭半开放的学习环境,从教学环境重构、教学流程再造的角度,撬动教学方式的深度变革,开展促进学生高阶思维培育的实践研究,提炼"在优势空间、选优势时间、用优势方式、学优势内容、重优势评价"的"优势学习理论",探索聚焦高阶思维培育的学生优势学习与发展之路。

在笔者看来,"思维广场"首先是一种具体的学习空间变革,一方面,它倡导给予学生一种开放的、互动的、实践的学习环境,让学生能够在一种开放的学习空间中实现自主学习,培养良好的思维品质,也为项目式学习等新的学习方式的落实提供空间支撑。另一方面,"思维广场"作为一种课程教学和人才培养改革理念,又超越了单纯的空间变革局限,它实际上是倡导突破传统的知识传递为导向的教学理念,树立一种契合学生核心素养培育的真正指向于学生高阶思维能力培养的课程教学改革范式。其最直接的价值在于为落实学科核心素养,培养学生高阶思维能力提供物理空间支撑和改革理念引领。

(二)"思维广场"与英语"双新"改革

高中英语"双新"改革,倡导的是一种从育人理念到育人方式的整体性转型,它既呼唤课程教育立德树人价值的整体回归,也倡导了项目式学习、综合实践学习、单元整体教学、大概念学习等新的具体的教学方法。从整体的角度看,"思维广场"的设计及其引领的课程教学改革,能够为"双新"倡导的新课程教学理念的落实提供载体和抓手。

具体而言,"思维广场"之于英语"双新"改革的最直接价值,就在于有效地聚焦了英语课程教学改革中对于学生思维品质培育的关注,形成了一种有效培养学生高阶思维能力的教学载体,从而为学生英语学科核心素养,特别是学生"思维品质"核心素养的有效培育提供支撑。

从实践的角度来看,培养学生的高阶思维能力正在成为国内外共同关注的重要问题。联合国教科文组织(UNESCO)在 2015 年公开出版的研究报告中指出:"21 世纪的课堂教学,不仅仅只是教会学生一些花哨、灵活有趣的技巧来适应信息时代,而是教会学生利用高阶思考技能去思考'如何成为一个人'。"随着社会信息化、文化多元化、经济全球化的持续发展,高阶思维成为世界各国核心竞争力的重要标识。如美国联邦教育部在《21 世纪技能框架》中把批判性思维和问题解决能力、创造性和创新能力、交流与合作能力作为未来年轻人适应 21 世纪的必备技能,具体包括思维与思维技能教学、问题解决能力培养、反思与协作、数字化技术应用能力等。经济合作与发展组织(OECD)在 2012 年发布的研究报告中明确指出,21 世纪学生必须掌握无定式的复杂思维方式和工作方式,这些能力都是计算机和技术工具无法轻易替代的。芬兰、丹麦等国家把创建思考型学校、学习型国家作为未来的政策方向。联合国教科文组织等国际组织以及英国、法国、加拿大、日本等国家一致把创新与创造力作为国民的核心素养。新加坡将批判与创新思维、自我决策、自我意识等纳入了国民素养培养计划中。除了这种集体层面的顶层设计之外，研究者对学科教学中如何培养学生高阶思维能力的微观领域和实践领域的问题也给予了一定关注。如有研究认为，传统课堂的特征之一在于教师控制课堂的话语权，并表现为"教师发起—学生回应—教师评价"的话语结构，这种话语方式不利于学生高阶思维能力的培养，要建构一种有利于学生主动思考、积极参与的课堂话语方式，以提升课堂教学对学生高阶思维培养的价值。具体到英语学科领域，大量研究认为，把握高阶思维的要义和特点，研究高阶思维培养中存在的问题，探究高阶思维发展与提升的策略，是当下英语教育工作者的重要使命。英语学科教学中，学生高阶思维能力的培养可以通过问题、阅读、活动、任务型教学、认知与情感的融合途径来实现。

　　学生的高阶思维能力作为学生核心素养的重要组成部分，不仅构成了学生认知、行动、成长的重要载体，也是学生适应未来社会的有效方式。作为一种特殊的能力和素养，高阶思维既有源自母体的天赋，也需要后期针对性地培养和塑造。课堂教学，不仅是学生学校生活中最基本、最常态的存在，也因其与学生高阶思维培养的多维度内在关联，成为培养学生高阶思维的最重要平台。高阶思维作为一种彰显学生知识综合分析、运用、创造能力的复合型思维，具有多种形式的表现样态，比如呈现出扩散状态的发散思维；对知识与信念进行持续省察的批判性思维；以具象为思维内容的形象思维；以相反思考角度解决问题的逆向思维；将复杂问题转化为简单问题的转化思维；用简单问题的解答方法建构复杂方法的类比思维；准确而有条理地表达思维过程的逻辑思维；超越时空进行想象组合的综合思维；打破固有思维定式的创造性思维等。不同的思维，着眼点不同，但是都从某些特定方面体现了高阶思维的品质和属性。高阶思维的多样性为课堂教学的路径创设提供了支持，教师需要在综合把握学科知识体系的基础上,寻找学科教学与培养学生多样化的高阶思维能力之间的内在关联,通过教学内容的重组、教学方式和评价手段的变革、课堂话语方式的重构等,建构课堂教学与学生多样化高阶思维之间的实践联系。

整体而言,高阶思维培养指向的课堂教学因其对学生核心素养的充分观照,呈现出区别于传统封闭的、单一的讲授式课堂的显著特征,比如,高阶思维能力培养的课堂倡导以学生为中心,教学设计围绕学生的需求和兴趣,鼓励学生主动参与和探索;倡导通过提出具有挑战性的问题,激发学生的好奇心和探究欲,引导学生进行深入思考;倡导鼓励学生质疑、反思,学会从多个角度分析问题,培养独立思考的能力;倡导将不同学科或领域的知识整合,帮助学生建立跨学科的联系,促进综合思维的发展;倡导通过小组讨论、合作项目等方式,促进学生之间的交流和合作,提高社交技能和团队协作能力;倡导鼓励学生对自己的学习过程和结果进行反思,以提升学习和思考的深度;倡导利用信息技术工具和资源,如在线讨论平台、模拟软件等,支持学生的高阶思维活动;倡导设计没有唯一正确答案的任务,鼓励学生创造性地解决问题,培养创新能力;倡导学生元认知能力的培养,注重教授学生如何规划、监控和评估自己的学习,提高自我管理能力;倡导个性化教学,基于学生的个体差异,提供个性化的指导和支持,以满足不同学生的需求;倡导持续的评估,通过形成性评价和总结性评价结合,及时反馈学生的学习进展,帮助学生了解自己的优点和需要改进的地方;倡导教师从知识传授者转变为学习的引导者和促进者,激发学生的潜能。而基于"思维广场"的课堂与项目式融合的学习实施,恰好建构了一种符合上述特征的全新教学范式,它通过"目标引领—自主研习—合作研讨—思辨提升"的教学流程建构实现人才培养方式的创新。在任务单确定的学习目标引领下,学生在学习内容、方式、时空、伙伴等方面具有充分的自主选择权,可以根据自己的偏好和需要,选择自主独立学习或自由合作学习,有针对性地参加师生主题讨论,甚至可以根据需要自发开展讨论,完成相关项目任务。在思维激荡的讨论学习过程中,充满了思维挑战、对话辨析、探究实践、交流分享等挑战性因素。这些因素能够有效促进学生思考,使他们的学习积极性受到激发,从而主动进行知识建构,掌握学习主动权,认识到自己的学习优势,在感受深度学习的愉悦体验中,更好地引领学习与发展,并进一步转化为学习的内在动力,转变学习习惯,改善学习行为,从而实现学习的深度变革。

实践证明,通过思维广场的学习历练,学生的学习动机和兴趣得到了极大的激发,学生的学习优势自信和自主学习意识得以强化,学生的学习能力和思维品质获得有效提升。回归到英语学科教学,在"双新"改革的整体背景下,可以清晰地认识到,高阶思维是中学英语核心素养视域下需要探讨的热门课题。高中英语学科核心素养规定的四个维度——语言能力、文化意识、思维品质和学习能力,将学生思维品质的培养提升到一个新的高度。其中的思维品质不是一般意义的思维能力,而是包含高阶思维等的思维能力。当前,在英语教学方面也有专家呼吁要突出"高阶思维"等学科素质培养的优势和特点,由此可见高阶思维在中学英语课程与教学中的重要性。核心素养视域下中学英语课堂教学不应充满低阶思维的灌输,而应提倡开展高阶思维的课堂教学,"思维广场"的存在及其蕴含的课程教学变革空间,为真正落实核心素养导向的英语教学改革,培养学生高阶思维能力和英语学科核心素养提供了一种具有学校特质和实践效能的支持。

(三)"思维广场"课程教学特色设计

"思维广场"作为一种教学实施的新课堂、新模式,其设计和运用的初衷是进一步激活教与学,以学生为主体开展教与学,培养学生的高阶思维和综合素养。因此,在"思维广场"英语学习活动的整体设计和实施过程中,教师对"思维广场"英语教学进行了整体层面的制度设计,明确了教与学的要求和基本规范,为学生的学习探究和创新实践提供基本引领,以实现价值诉求。

1."思维广场"学习活动形态

学校根据"思维广场"的时空特点,结合人文学科的特点,将语文、英语、政治、历史、地理等学科的必修课程同时引入"思维广场",以多个学科、多位教师、多节课、多个班级同时进入"思维广场"的方式开展教学,并逐渐建构了"目标引领—自主研习—合作研讨—思辨提升"的教学流程。教师备课设计学习任务单,明确学习目标、内容,提出学习过程、方法建议及反馈与评价要求,并确定讨论主题和时间、地点安排。教师提前一周向学生下发"思维广场任务单""思维广场预约单",学生通过查找相关资料,完成初步的自主预学,并在预学基础上,根据自己的需要选择预约研讨室的主题讨论或小组展示场次。

学生进入"思维广场"后,根据任务单和自己的需要,自主选择学习目标与内容、时间与进程、方式与伙伴等,开展个性化学习。在思维广场宽敞通透、安全舒适、功能多样、半封闭半开放的学习空间里,六个研讨室代替了传统的教室,呈现的是桌椅可自由移动拼接、全区域无线网络覆盖、纸质资料和数字资源可随时获取的开放空间。根据英语学科项目成果展示的需要,"思维广场"还提供各种彩笔、纸张、平板电脑等设备供学生随时取用。学生可以在线学习、查阅文献,可以研讨交流、合作作业,可以独立思考、自主作业,还可以根据自己的需要选择或参加研讨室里的主题讨论、辩论,思维碰撞、观点争鸣,或在研讨室里展示交流小组项目成果,相互评价,取长补短。在"思维广场"的学习活动中,传统教师讲授为主的课堂被学生交流、讨论、合作、实践为主的研讨室所代替,学生被动的由教师安排的学习被学生自主的、有选择的学习活动所代替,学习材料也由课堂教材、训练材料拓展为可以依靠图书馆资源和数字化技术等多渠道获取的信息。

2. "思维广场"学习内容和组织形式

"思维广场"的教学体现着学生个性化学习与培养学生高阶思维的价值定位,"思维广场"英语学科教学也必须突出这个特殊意义,因此,要解决教学内容和组织形式的问题,如何拓展丰富多元且可供自主选择的学习内容,设计有讨论和实践价值的、适切的话题和任务是每一个进入"思维广场"开展教学的教师必须面对的问题。

学校英语教研组的老师们边实践边总结,经过了多次研讨。大家一致认为,首先要正确认识"思维广场"新型空间和教学内容之间的关系,要处理好传统课堂教学内容和"思维广场"教学内容的关系,两者之间不应该是各自独立、两线并行的,"思维广场"教学内容不应独立于课堂教学内容,自成一脉,而应该是传统课堂的延伸和拓展,要把教材中的大量教学资源带入"思维广场"进行教学。其次要认识到"思维广场"新型空间为教学组织形式的多样性提供了支持,"思维广场"突破了传统教室相对封闭的时空限制,以开放、宽松、功能多样的新课堂环境,为学生分工合作、充分实践的项目式学习提供了时空突破的可能。

据此,英语教研组的老师们确定了"思维广场"的教学内容,基于教材单元主题,以及单元主题相关的真实生活中的话题,挖掘校园中关联学生实际的话题或学生关注的社会热点,通过创设情境,设计应用实践类、迁移创新类的综合活动任务,旨在引发学生思考,碰撞思维火花,使用所学语言进行思维训练和真实交际,来解决问题,从而全面提升语言能力、思维品质与学习能力,促进学科核心素养的有效形成。此外,英语学科还尝试了与语文、政治、历史、地理学科进行跨学科融合式教学,以超越知识点的讨论话题设计,引导学生多维度思考、分析、解决问题,助力学生学习需求、学习过程、知识结构、思维发展和情感态度的全面融合,实现能力培养、素养提升和思维培育。结合不同学段学生的认知心理发展水平和语言学习的递进规律,在高一学段和高二学段分别设计了不同的学习活动组织形式(见表3),使学习活动的挑战度和要求呈现出梯度和层次性。学生可以根据自己的实际水平、兴趣等选择其中不同的学习活动组织形式开展学习。

学段	学习活动组织形式	备　注
高一	1. Round-table discussion 2. Cooperative speech /Prepared speech 3. Group project	圆桌讨论可以模拟不同角色发表意见; 合作演讲可选择一人主讲一人辅助或分工合作。
高二	1. Free debate 2. Individual speech/Impromptu speech 3. Group project	即兴演讲可以是自由辩论基础上的总结陈词。

表3　不同学段"思维广场"学习活动组织形式

3."思维广场"学习活动整体要求

"思维广场"强调通过思维碰撞,进一步激发学生主动思考、深度思考的意识,促进学生开展主动学习、合作学习和探究学习。

就学生而言,倡导他们积极主动地开展学习、主动思考、深入探究、沟通交流、解决问题,因此,在提前到场自主预学阶段,学生要认真查找资料、准备讨论话题,有理由、有依据地形成自己对问题的看法,并能主动和同学交流、沟通对讨论话题的看法；在小组讨论或合作项目的过程中，学生要注重学习思考的过程，养成反思、提问、求解、批判等学习习惯，这样就会逐步形成问题意识，并在对问题的思考、认识、解决的过程中，培养合作精神、探究意识和研究性学习能力。

就教师而言，倡导他们通过学习活动的设计，启发学生讨论、质疑、辩论，更充分地把学生调动起来。在学习活动的过程中，教师要重视氛围的营造和方法的指导，对发言讨论要有总结概括，提醒学生激烈辩论时也要遵守规则，在任务推进中强调分工合作，并要求学生在倾听的同时善记笔记。在学生自主学习时，教师的主要任务是巡视，根据学生的提问进行适当的引导；在学生讨论或展示时，教师的主要任务是主持、启发和适当的评价反馈，还要组织学生主持讨论、参与讨论、记录讨论内容，给予学生更高的自主性。把教师解放出来，他们就有更多的时间投入到对学生的学习状态、学习习惯等学习过程的观察与指导中。

为了更好地使学生的思维和学习过程可视化，英语教研组的教师还编制了《思维广场学习手册》。学生使用《手册》记录预学时获取的信息和自己的思考，记录讨论或展示过程中他人发言对自己有启发或引发新思考的内容，讨论后通过信息组织和笔记在《手册》中完整陈述自己的观点，所有任务结束后还要利用《手册》中的评价表进行反思和自评。教师也可以基于学生每次任务前、任务中、任务后的学习记录、课堂表现、课后作业、学生自评等过程性数据，相对全面地了解每一个学生的学习情况、思维水平和能力素养，从而对学生进行更有针对性的评价和反馈，更好地指导学生下一阶段的学习。

二、"思维广场"英语学习活动设计要点与案例分析

"思维广场"的英语教学改革探索的是课堂和项目式融合的

学习活动设计,既要充分发挥课堂教学的优势,也要融入项目式学习活动的价值,换言之,就是要在英语教材和课堂教学的基础上,充分利用"思维广场"打破时空限制的有利条件,设计项目式学习活动,引导学生更多地开展自主学习、合作学习和探究学习,在相对宽松自由的环境下,将课堂所学的语言知识和文化知识,通过多样的语言实践活动,进行迁移、应用和创新。因此,教师在设计"思维广场"英语学习活动时,要与课堂学习内容相互呼应和补充,从课堂教学出发,创设项目式学习任务,考虑学生的个体差异,关注学生的学习过程,引导每一位学生在项目式学习活动的过程中实现提升和发展。

(一) 从单元主题到驱动性话题

"思维广场"学习活动要呼应和补充课堂学习内容,首先要遵循从教材单元主题出发的原则,结合学生实际和社会热点,设计能够引发学生学习兴趣和探究驱动的相关话题,让学生运用课堂所学,开展相关的综合实践任务,将"思维广场"作为课堂学习的延伸和拓展,也作为课堂学习情况的检验和评价。

1. 主题确定:课堂延伸和认知拓展

"思维广场"的学习活动并不独立于高中英语教材和课堂教学,而是根据课程标准要求,围绕教材单元主题,作为课堂教学的延伸和拓展,与课堂教学形成整体。因此,"思维广场"学习活动的主题选择,主要来自高中英语教材的单元主题。在这些主题引领下的学习活动,不会成为学生额外的学习负担,而是能更好地整合课堂教学和语言实践活动,引导学生加深对主题意义的理解,推动学生对主题的深度学习。

【案例】

教材版本	高中《英语》（上教版）
单　元	必修一 Unit 3 Choices
主题语境	人与社会
话题内容	社会热点问题—网络订餐和外卖服务
项目组织形式	Round-table discussion；Speech；Group project
项目展示形式	现场表达；写作阐释；海报展示与介绍

活动简述：

　　本单元的主题是"选择"，学生通过 Reading and interaction、Cultural focus 等板块的学习，已经知道了如何就选择、选择的原因等进行表达，也对食物选择背后的环境保护、社会责任有了初步思考，对网络订餐服务的总体现状以及对社会的影响等方面也有了一定的了解，积累了相关语言知识。在此基础上，从围绕"选择"主题深度学习的目标来看，学生代入或模拟不同的社会角色，从不同的生活方式、认知水平、思考角度等，学习和了解多元选择存在的客观性和合理性，还可以结合网络订餐和外卖服务方面的真实细节问题，就社会热点问题开展更深入的思考和讨论。

Activity 1　Round-table discussion

Will you choose those options? Share your opinions.

With the advanced science and technology，online food delivery apps such as Meituan and Eleme are commonly used by people. There are some special functions on the apps. If the food you order on Meituan is not sent to you on time，for example，you can choose the option "wait for five more minutes" on the app to give more time to the food courier. Another example is that you can press "refund" and get your money back if the delivery man spills your food. Will you choose those options? Share your opinion with reasons.

分析说明：

　　该活动创设了真实的圆桌讨论情境。活动紧密围绕教材单元主题，学生在听说实践活动中，运用主题语汇，结合自己的生活实际和真实想法，对外卖服务引发争议的情况及其原因进行描述和阐释，对同伴的观点进行批判与评价，对自己所作选择的合理性进行论证，有理有据地表达自己的观点和态度，体现价值观。学生在讨论前，要查找资料，收集数据，使自己的论据更充分，论证更有力；在讨论过程中，要认真倾听同伴的发言，记录观点和有用的信息，提供恰当回应和及时反馈。在讨论后，学生整理和归纳观点和信息，为完成后续的项目活动做好准备。

Activity 2　Speech

Deliver a 1-minute speech：My opinion and my suggestion.

Food delivery service has been available to almost everyone recently. Some people believe the food delivery service promotes the development of our city，but others think the opposite. The government is considering making a policy to improve it. A journalist is sent to collect citizens' ideas. You may have 1 minute to voice your opinion and put forward your suggestion. How do you view the food delivery service and its influence? Make your opinion persuasive and then raise your suggestion accordingly.

分析说明：

该活动依然围绕单元主题，通过创设街头访谈的真实情境，与学生的已有知识和经验紧密关联。部分学生扮演受访的市民，从学生、老人、外卖员、打工族等不同视角，使用和内化所学语言和信息，针对是否要改进部分外卖服务，改进哪些部分，为什么要改进，如何改进等一系列问题，通过多元思维和批判性思维，理性表达自己的观点和态度。另一部分学生扮演政府人员，认真倾听和记录市民的想法，通过比较和分析，对市民的想法给出反馈和评价。学生在活动中，聚焦自己的角色，围绕一个个真实问题，进行分析，也确确实实地在运用语言去解决问题。

Activity 3　Group project

Improve a food delivery app.

In response to citizens' different ideas, some IT companies plan to innovate and improve food delivery apps. They offer a reward of 1 000 yuan for a good design. Candidates are supposed to submit a poster to demonstrate the design and make a presentation to explain the ideas behind it.

分析说明：

该活动也是从单元主题出发，创设了为网络订餐服务平台改进应用软件并绘制海报进行介绍的真实任务。要完成这个任务，形成项目成果，学生必须从改进软件中的哪些功能，解决网络订餐和外卖服务中的哪些问题，为什么要解决这些问题，这些问题是什么原因引起的，以及如何解决等多个方面深入思考。学生通过小组分工合作，绘制软件设计图，准备口头汇报等，综合运用所学语言和文化知识，创造性地完成任务，实现深度学习，促进能力向素养提升。

2. 话题选择：学习兴趣和探究驱动

在单元主题的引领下，要让学生在"思维广场"学习活动中，能够充分展开讨论、发表观点、检索信息、完成任务，就需要设计出能激发学生学习兴趣、驱动学生开展讨论或探究的话题和任务。教师一方面要结合学情，关注不同学段学生的认知水平和能力，另一方面更重要的是要关联社会热点、学生实际，设计出具有冲突性、发散性、启发性、开放性或创新性的话题情境，让更多学生不仅有讨论和探究的欲望，而且能充分发挥想象力和创造力，投入到学习活动中来。

【案例一】①

教材版本	高中《英语》(上教版)
单　元	必修一 Unit 4 My space
主题语境	人与自我
话题内容	个人、家庭生活的今昔变化
项目组织形式	Round-table discussion；Group project
项目展示形式	现场表达；角色扮演；海报展示与介绍

活动简述：

在本单元 Reading and interaction 板块的课堂教学中，学生已经学习了语篇 *The 1940s house*，对不同年代的生活环境和生活条件有了一定的了解和比较，积累了相关语言知识和文化知识。

---

① 本案例由市西中学朱妍祺老师提供。

Activity 1   Round-table discussion

Think and share your opinions with reasons.

Compared to the past, life has been easier and more comfortable. A lot of efforts have been made to improve people's life, but some argue that people have become more anxious and the number of people suffering from depression has increased dramatically.

What's the difference between life in the past and today?

Do you think an easier and more comfortable life equals a better life?

学生发言片段:

Student A

The differences between life in the past and today lie in various aspects, but they can be mainly divided into two general categories: material life and spiritual life.

For material life, there is no doubt that we enjoy better material conditions nowadays than our parents or grandparents did in their teens. After interviewing my mother, I learned that not every family had access to televisions in the 1980s, and children only had the chance to wear new clothes during the Spring Festival. Other aspects such as food, accommodation, transportation and medical services have all significantly improved in the past decades due to supportive policies such as the reform and opening-up policy, and the rapid development of science and technology.

I think it is hard to say whether the differences in material life can result in the differences in spiritual life. Before preparing for this session, I took it for granted that our spiritual life is richer than that in the past as we have so many ways to learn something by ourselves and so many activities for entertainment in our leisure time. However, my mother and grandmother both said that though they had a simple life, they enjoyed that kind of simple life because they were more connected to others, including family members and neighbors.

Student B

Before discussing the second question, I believe we all need to define what "a better life" is. I think the answer is subjective and may vary from person to person due to the complex relationship between material life and spiritual life.

Physical comforts and convenience undoubtedly contribute to better health, longer lifespans, and more leisure time. For example, nowadays we have various labor-saving devices allowing individuals to pursue personal interests and hobbies and providing possibilities for their spiritual life. However, the psychological well-being cannot be ignored. Saving time and energy does not necessarily guarantee happiness or fulfillment. People might have more possessions but lack interpersonal relationships or a sense of purpose. Also, many modern citizens actually suffer from the fast-paced life and do not have much high-quality spiritual life.

Therefore, in my opinion, a more comfortable life has the potential to lead to a better life, but it largely depends on individuals' choices and attitudes.

Student C

Since so many of you have talked about your own views on

this issue as well as your parents' or grandparents' opinions, I would like to mention the possible bias that might influence our judgement.

When looking back on the past, we sometimes tend to beautify our experience, which is nostalgia. This might cause people to selectively remember positive aspects and neglect negative ones to some extent. Therefore, people may be nostalgic from time to time, saying "the good old days are gone" and creating a too-perfect feeling. Also, survivorship bias may also play a role in leading to incorrect or one-sided conclusions about whether life was better or worse in the past. Survivorship bias occurs when we only focus on individuals who have gone through some sort of selection process and neglect those who did not. That is to say, we may potentially ignore the hardship that many others faced and overestimate the overall quality of life.

To sum up, I think we should at least be aware of the bias mentioned above, and try to interview more people or search for more comprehensive information so that we can see this issue more critically.

分析说明：

这个圆桌讨论活动是教材语篇内容的延伸和拓展，设计的话题具有冲突性的特点，旨在引导学生通过比较和分析，对物质生活和精神生活的关系以及生活质量等概念产生更深度的思考。第一个话题涵盖物质生活和精神生活两方面，学生基于查阅的资料以及对父母、（外）祖父母的访问调查，分析不同年代衣、食、住、行等方面的不同，以及过去与现在家庭和个人幸福程度的不同。而第二个讨论话题的设计具有了冲突性的特征，对于"a better life"，学生有不同的理解和阐释。在讨论中，我们发现，学生首先对"好的生活"作出了不同定义，然后对过去某个年代和现在的生活哪个更好，以及物质生活和精神生活的关系，不同的学生表达出了截然相反的观点，甚至还有学生运用批判性思维，提出评判过程中可能存在的谬误，如回忆过去的时候是否会美化经历，以及幸存者偏差是否导致了结论的不同等。具有冲突性特点的话题，必然会产生观点的冲突，这就可以引发学生的深度思考和辩论，在交流中提高思维能力和语言表达能力。

Activity 2　Group project

Present a role-play or a poster.

Imagine you are going back to the 1940s. You are allowed to take a modern device with you. What device do you think is a must? Why? Discuss the question in groups and then try to persuade the audience by giving a role-play or by presenting a poster.

分析说明：

该小组项目活动设置了携带现代设备"穿越"到 20 世纪 40 年代的假设情境任务，这个话题是完全开放性的，任务设置和展示形式具有创新性，学生设身处地地思考要带哪个现代化设备"穿越"到那个年代，然后以角色扮演或海报展示的方式，努力说服观众赞同自己的观点。从任务的设定来看，"穿越"到 20 世纪 40 年代这一情景模拟新颖有趣，也不存在任何标准答案。要完成这个任务，学生必须将自己置于时代背景中，对 20 世纪 40 年代的时代背景、生活条件、生活方式、社会文化等有较完整和准确的了解，对当时的政治、经济和社会等方面产生更具象的认识,要解释清楚为什么带这个现代化设备"穿越"到那个年代能使当时的生活变得更好,还需要对"好的生活"有明确且令人信服的定义和阐释。一个开放性的话题,一个创新性的任务设置,引发的学习活动内容是极其丰富的,学生们必须分工合作,除了从教材语篇中学到的内容,还要拓展相关知识,结合深入的思考,同时还需要一些创新的设计,才能使角色扮演符合时代背景、符合逻辑,具有吸引力和说服力。当然,考虑到有一些学生不擅长表演,海报展示的方式也可以作为选项之一,海报辅助语言展示将视觉艺术元素与语言相结合,使展示更生动直观。在这样的项目活动中,每位学生都有表达的机会,创新思维得到激发,合作学习的能力也得到提高。

【案例二】①

教材版本	高中《英语》(上教版)
单　　元	必修一 Unit 2 Places
主题语境	人与社会
话题内容	社会进步与人类文明—城市的历史与文化
项目组织形式	Round-table discussion
项目展示形式	现场表达

活动简述:

在本单元 Reading and interaction 板块的课堂教学中,学生

---

① 本案例由市西中学郭心仪老师提供。

学习了语篇 *Where history comes alive*,通过阅读对西安和佛罗伦萨两个城市的介绍,学习了如何从历史、城市面貌等角度介绍和描述城市的特点,积累了相关语言知识和文化知识。

Activity：Round-table discussion

In the passage *Where history comes alive*, it is said that "In Florence today you can experience the old and the new." Do you think Shanghai is a city where we can experience the old and the new? Support your opinion with some examples.

分析说明：

这个圆桌讨论活动的话题设计,从教材语篇中两座城市的介绍出发。课文中提及了在佛罗伦萨的历史遗迹和饭店、商店共存,展现城市的古今交汇,文本中用一句话"In Florence today you can experience the old and the new."概括了在佛罗伦萨可以同时领略古老和现代的新旧交融的城市特点。由此,教师设计了发散性的讨论活动,引导学生参照语篇的相关描述,展开联想,描述我们所在的城市——上海有哪些古今交汇的表现,思考上海这座城市的历史文化底蕴。学生运用发散性思维,从建筑、艺术、饮食、服饰、生活方式等许多不同方面,通过生活中的观察和资料的考证,指出城市中历史与现代交融的标志,如修旧如旧的武康大楼等新型文化空间,传统艺术与现代创意结合的文艺作品在城市里上演,城隍庙的老建筑和星巴克咖啡厅的现代装潢融合,上海的许多新式里弄、百年老店的传承和创新,兴起的汉服潮等,并最终将讨论引向更深的深度,就上海历史文化风貌的保护、传承和发展提出自己的看法。具有发散性特点的讨论话题能够引导学生从多元的角度思考问题,开阔视野,拓展思维,提升思维能力和创新能力。

【案例三】①

教材版本	高中《英语》(上教版)
单 元	必修三 Unit 1 The media
主题语境	人与自我
话题内容	个人职业倾向、未来规划等
项目组织形式	Group project
项目展示形式	海报展示与介绍

活动简述：

在本单元 Reading and interaction 板块的课堂教学中，学生学习了语篇 *Journalists on the job*，在单元主题引领下，学生已从课文中了解到访谈这一语篇类型的特点，并从文中获取与记者相关的信息，包括记者的必备特质等，积累了一定的语言知识和文化知识。

Activity：Group project

Assume that you are going to conduct a newspaper interview with a winner of the Nobel Prize in Literature. Introduce the preparations you are going to make and the steps you are going to follow while interviewing. Then explain why you arrange the interview in this way. Use a poster to help you present your ideas.

---

① 本案例由市西中学张逸老师提供。

分析说明：

本活动以小组项目的形式，设计了作为一名记者，采访诺贝尔文学奖获得者前的准备工作这样一项活动。学生要把通过语篇学习到的记者的工作内容，迁移应用到作为记者如何开展工作的真实任务中。他们以一名记者的视角发散性地思考应当如何完善地准备和完成一场采访，包括对诺贝尔奖得主的背景资料了解、采访场地布置设计、采访的内容、采访问题的设计、采访使用语言的特点、采访遇到障碍时的应对措施、记者本人的着装外表等。在完成项目任务的过程中，真实情境和任务促使学生将之前所学的知识真正运用到实际工作中，锻炼了运用英语解决问题的能力。小组交流的过程中，学生从不同角度介绍了丰富的内容，对媒体工作又有了新的认识和思考。

【案例四】

教材版本	高中《英语》（上教版）
单　元	必修三 Unit 1 The media
主题语境	人与社会
话题内容	饮食与文化
项目组织形式	Group project
项目展示形式	静态或动态海报展示与介绍

活动简述：

在本单元 Cultural focus 板块，学生学习了语篇 *A Bite of*

China,本活动延续了该话题,创新性地设计情境,引导学生从欣赏、学习纪录片的观众,转变为设计、制作纪录片的创作者,鼓励学生对中国美食及其背后的中国文化做进一步探究。

Activity: Group project

Like all other Chinese regional cuisines, Shanghai cuisine takes "colour, aroma and taste" as its essential quality elements. Your team is going to make a mini-documentary about Shanghai cuisine. Please demonstrate your plan concerning:

- the name of the documentary and your purpose of making it;
- detailed description of some Shanghai dishes (e.g., names, ingredients, flavours, stories behind them);
- difficulties or problems you may encounter;
- how to promote your documentary to more viewers.

Use a poster to help you present your ideas.

分析说明:

教材语篇中关于纪录片《舌尖上的中国》的介绍为学生搭建了支架,学生在大致了解纪录片取名、内容选取、展示形式等知识的基础上,通过资料搜集和小组成员思维碰撞,最终呈现出完成度较高的纪录片制作计划。本活动在实际进行中的确收获了学生创新带来的惊喜:除了手绘和电脑制作的静态海报,有的小组尝试了动态海报,通过插入动图和短视频的形式展示纪录片的制作思路。展示过程中,学生们能将课堂活动中学习到的语言知识和文化知识自如地运用到纪录片制作中,以旁白、字幕等形式呈现出来,展现了对活动任务的极大兴趣以及较高的学习能力水平。

【案例五】

教材版本	高中《英语》(上教版)
单　　元	必修二 Unit 1 No limits
主题语境	人与自我
话题内容	认识自我,丰富自我,完善自我
项目组织形式	Cooperative speech
项目展示形式	现场表达;写作阐释

活动简述:

本活动与 Reading and interaction 板块的语篇 *Blame your brain* 的话题衔接,在学生从课文中学习青少年冒险行为原因的基础上,引导他们观察身边同学的可贵品质,启发学生在获得的信息与个人的经历之间建立有意义的联系,从而发展学生运用认知策略的能力。

Activity: Cooperative speech

Make a 2-minute speech on "How can we win respect from others?"

Speaker A: Did you see any of your classmates taking a risk? How did you feel at that time? Did you admire the risk-taker?

Speaker B: Unnecessary risk-taking and reckless behaviour are not going to win you the respect from your fellow classmates. But what will? State clearly at least one quality that you think is worth respecting.

分析说明：

这个学习活动采用了合作演讲的形式，也为话题的启发性提供了助力。学生两人一组，每位学生做一分钟左右的演讲。第一位同学关联自身经历，运用教材语篇所学，对青少年冒险的行为进行讲述和分析，另一位学生则承接第一位同学的讲述，从青少年应该以怎样的行为表现赢得同伴的尊重和喜爱的角度，进行拓展和阐述。两位学生都采用行为描述和分析的结构构成演讲语篇，都要呈现鲜明的观点，第二位演讲者可以对第一位演讲者的观点进行质疑反驳，也可以支撑补充。在这样的学习过程中，两位同学通过合作，共同准备和完成这一次演讲，使演讲的内容相互照应，形成整体。这样的话题设计和活动形式，不仅为学生打开了思路，还能引导学生相互启发，形成更全面的认识。

（二）从教材语篇到实践性项目

在教材单元主题的引领下，"思维广场"学习活动要更好地将课堂所学进行拓展运用，情境的创设和任务的设置也不能随心所欲。教师要深入研读教材语篇，从语篇中挖掘情境，同时发挥项目式学习成果导向的驱动作用，设计综合实践活动项目，引导学生通过深度思考、合作探究开展学习实践，形成成果进行展示。

1. 项目创建：真实情境和成果导向

教师创建项目式学习任务，要围绕单元主题，从教材语篇中挖掘情境，与真实生活紧密关联，同时坚持项目式学习的成果导向原则，这样更有利于以课堂所学为学习支架，引导学生将课堂所学的知识综合运用到完成实践项目任务、解决问题、形成成果的过程中，实现能力和素养的转化。

【案例一】

教材版本	高中《英语》(上教版)
单 元	选必三 Unit 2 Things that matter
主题语境	人与社会
话题内容	博物馆展品的历史、文化及价值承载
项目组织形式	Group project
项目展示形式	海报展示与介绍

活动简述:

本项目活动是课堂学习选必三 Unit 2 的延伸和拓展。本单元的 Listening and speaking 板块提供了三个学生讨论如何创建一个展览的对话,Cultural focus 板块提供了关于博物馆里的展品是否应该归还其原国家的论述语篇,以及介绍著名博物馆及其展品的视频。学生已经初步学习了介绍展品承载的历史、文化的相关语汇,以及如何阐述选择一件展品的原因,对博物馆及展品的价值也有了一定的认识。

Activity: Group project

Shanghai Museum is a must for many history and cultural relics lovers. These days Shanghai Museum is planning to design a poster, introducing one of the most important exhibits and, meanwhile, arousing the public awareness of being well-behaved visitors. Please help Shanghai Museum design such a poster. What you need to do is:

(1) to pick out one exhibit and introduce its origin and significance;

(2) to explain why you choose the exhibit;

(3) to clarify dos and don'ts about how to behave oneself while visiting the museum.

分析说明：

本活动围绕单元主题,基于教材语篇的内容,设计了为上海博物馆设计"文明观展"宣传海报的任务,海报以上海博物馆的某一展品为主要图案呈现,学生要介绍该展品,说明选择该展品的原因,同时就如何文明观展进行宣传。在完成任务的过程中,学生通过合作,收集资料,了解上海博物馆的展品及其背景知识,综合运用课堂所学,有逻辑地阐述选择的理由、展品的价值所在。在探究的过程中,学生更深入地感受和体会博物馆及其展品对于国家和人类文明的价值和意义,这样再提出文明观展的建议就水到渠成了。相比生硬地让学生介绍展品或博物馆,这样的情境任务更能引导学生深入理解主题意义,更自然地运用语言知识和文化知识,解决实际问题。海报展示过程中,学生不仅深入了解了上海博物馆展品的历史和背景,还通过排版、色彩运用等,努力凸显展品精美的形象及其价值,对展品的珍惜爱护之情、对历史和文化的尊重之心也被唤起了。

【案例二】①

教材版本	高中《英语》(上教版)
单 元	选必三 Unit 3 Mind and body
主题语境	人与自我

---

① 本案例由市西中学徐厉老师提供。

（续表）

话题内容	健康的生活方式，积极的生活态度
项目组织形式	Group project
项目展示形式	角色扮演；现场表达

活动简述：

　　本活动是课堂学习选必三 Unit 3 的延伸和拓展。本单元的主题是身心健康。Reading and interaction 板块语篇讲述了作者练太极拳的经历及它如何帮助作者颐养性情、强健体魄，保持生活平衡；Grammar activity 板块提供了关于如何应对学业压力的语篇；Writing 板块提供的议论文写作范文围绕是否该让拥有不健康生活方式的人自担医疗费这一话题展开。学生通过课堂已经学习了与身心健康相关的语汇，以及如何就提升身心状态、维持生活平衡表达看法和建议。

Activity：Group project

　　It seems that an increasing number of students are suffering from exam-related stress or anxiety. What might be the causes of the stress or anxiety? Suppose you are a close friend/parent/teacher of a student suffering from stress or anxiety in the exam season，how would you help him/her deal with negative emotions? Present your opinions and suggestions with reasons.

Requirements：

(1) Each group chooses a role (a close friend/parent/teacher) and discusses opinions and suggestions from the perspective of that role on how to cope with exam-related stress or

anxiety.

(2) Each group plays their role and presents their opinions and suggestions.

分析说明：

　　本活动基于单元主题和教材语篇内容，设计了为因考试焦虑的学生提供指导建议的项目式任务。项目要求学生以小组为单位，每组从朋友、家长或老师中选取一个角色身份，以该身份的视角就如何应对考试压力和焦虑表达看法和建议。因此，本项目是以单元为依据，围绕应考中的压力和焦虑这一与学生真实学习生活密切关联、能引发学生兴趣的话题营造情境，通过让学生扮演不同角色提出观点建议，引导学生多视角分析问题，并提出解决方案。在项目实施过程中，学生需要开展小组合作，从朋友、家长和老师不同身份进行角色转换思考，分析考试压力诱因、探讨考试压力应对策略，同时对课堂所学进行综合运用，对如何处理考试压力与焦虑有逻辑地表达看法，有条理针对性地提出建议。借助项目任务中的真实情境创设、角色模拟和小组成果分享，学生对应对考试压力与焦虑现象能进行全面、多视角的理解与思考，增强对身心健康的认知，也能强化运用语言表达观点和建议的能力，进而提升学科核心素养。

　　2. 问题链架构：思维发展和能力进阶

　　在学生完成"思维广场"学习活动的过程中，难免会遇到困惑和障碍，教师在设计"思维广场"学习活动时，可以通过问题链的架构，一方面为学生的深入学习提供台阶和指导，另一方面也可以更好地引导学生的思维发展和能力进阶。问题链的架构可以以显性的、不同层次的学习活动方式呈现，也可以以任务单方式直观呈现，还可以在师生互动的过程中，由教师根据学生的实际情况,有选择地设置和使用多个问题构成的问题链,为学生提供引导。

【案例一】

教材版本	高中《英语》(上教版)
单　元	选必三 Unit 3 Mind and body 选必一 Unit 4 The senses
主题语境	人与自我;人与社会;人与自然
话题内容	健康的生活方式、积极的生活态度; 公益事业与志愿服务; 人类生存、社会发展与环境的关系
项目组织形式	Round-table discussion;Speech;Group project
项目展示形式	现场表达;写作阐释;海报展示与介绍

活动简述:

　　这是与语文、政治、历史学科共同开展的一次跨学科融合式教学中所设计的项目活动,四个学科的教师经过多次联合教研,确定以"和谐"为主题,将"和谐"主题以问题链的方式分解为若干层级板块,来设计"思维广场"学习活动任务单。四个学科的教师遵循"和谐的概念""和谐的不同样态""和谐与对立的关系"这一逻辑问题链,分别设计了不同的讨论题和项目任务。英语学科结合教材若干相关单元语篇作为学习资料,遵循问题链的逻辑,创设情境,设计任务。学生在完成任务的过程中,也遵循问题链的指引,结合教材单元语篇及相关资料的学习,逐渐由浅入深、由表及里地开展讨论和探究,分析问题,解决问题。

　　以下是英语学科的项目活动话题和任务的设计:

和 谐 的 概 念

Activity 1: Round-table discussion

Watch the video of several people expressing their views on one of the traditional Chinese values *he*, or harmony. Choose the one that you agree with the most, and state your reasons.

和谐的不同样态

Activity 2: Group project

The construction of a harmonious society needs joint efforts from all fields of society. But for ordinary people, it is difficult to figure out how they can contribute. Please design a lecture to introduce how individuals can make contributions to a harmonious society with the help of a poster.

Activity 3: Group project

If you were to make a proposal for improving the harmonious relationship between humans and nature on campus, what would you do?

In your presentation, you should:

(1) point out the problems that should be solved;

(2) state your reasons;

(3) offer your ideas for improvement.

和谐与对立

Activity 4: Round-table discussion

A company came up with an idea for a product called UnderSkin. The device would look like a pair of tattoos on your arms, but it would actually be a very thin computer implanted just below your skin. It would draw power from your body's energy, and you could use it to unlock doors, monitor your health, exchange and store information. Some people argue that medical procedures are meant to treat sick people, and not to give healthy people special powers. Others worry about hacking and privacy. On a more philosophical level, if you have a computer inside your body, are you still human? Or are you a cyborg, a being that is part human and part machine, or a machine that looks like a human being?

Do you think that such technology, if implemented, could lead to a more convenient and harmonious society, or would it bring about new conflicts and contradictions?

Activity 5：Speech

The Greek philosopher Heraclitus once said, "Opposition brings concord（和谐）. Out of discord comes the fairest harmony." What do you think is the relationship between opposition and harmony?

Make a speech on the topic of "Opposition and harmony". Use examples to support your idea.

分析说明：

英语学科结合教材若干相关单元语篇作为学习资料，遵循问题链的逻辑，创设多样情境，设计不同任务。学生在完成任务的过程中，也遵循问题链的指引，结合教材单元语篇及相关资料的学习，逐渐由浅入深、由表及里地开展讨论和探究，分析问题、解决问题。在学习活动的过程中，他们对事物的认识也从局部到全面，思维由低阶向高阶逐渐发展。

【案例二】

教材版本	高中《英语》(上教版)
单　元	选必一 Unit 3 Paying the price
主题语境	人与社会
话题内容	社会热点问题—网红现象
项目组织形式	Round-table discussion；Speech
项目展示形式	现场表达；写作阐释

活动简述：

本活动基于 Reading and interaction 板块的语篇 *The influencers*。学生通过圆桌讨论和个人演讲，就相关话题进行更深入的思考和意见交换。在两个任务中，教师均设计了层层递进的问题链。在圆桌讨论任务中，教师的问题链帮助学生拆解"隐性营销"这一现象，并联系自身经历和见闻，逐层深入地分析问题，形成观点。在个人演讲任务中，教师的问题链引导学生剖析自己和意见领袖的关系，反思自身的消费行为，形成较为客观理性的认知。

Activity 1：Round-table discussion

An influencer，in its modern sense，refers to a person who has a lot of followers online and who has the ability to influence potential buyers of a product or service by recommending it on social media. The rise of influencers has contributed to a new type of marketing：stealth marketing. Do influencers bring more benefits than harm to the society? Please state your view with reasons and examples.

Guiding/Reflective questions:

1. What benefits do influencers bring to companies/consumers?

2. What are the pitfalls of marketing through influencers/ listening to an influencer's recommendation?

3. On the whole, do influencers bring benefits or do harm to the economy of the society?

Activity 2: Speech

The most impressive influencer in my eyes

Choose one influencer that has impressed you the most and share your view on him or her by giving a speech.

The speech should include:

(1) a brief introduction of the influencer;

(2) reason(s) why the influencer impresses you;

(3) your view on the influencer.

Guiding/Reflective questions:

1. How does the person you are going to introduce fit the definition of an "influencer"?

2. In what aspects is he/she different from other influencers?

3. How has he/she influenced you?

4. Do you think you have become a better person under his/her influence?

分析说明:

在圆桌讨论任务中,教师通过问题链的设置,引导学生分别从商家和消费者的角度来分析"隐性营销"的利与弊。通过从两个角度分析问题,学生能够不局限于自身视角,对这一现象形成相对全面、客观的观点。在演讲任务中,教师设置的问题链帮助学生对演讲题目中的关键词进行具体的思考,明确题目的指向,起到了脚手架的作用。学生对这些问题的回答自然地构成了演讲的主要内容。

(三) 从学习目标到发展性评价

"思维广场"学习活动要更好地将课堂和项目式进行融合,还需要教师在设计"思维广场"学习活动的评价标准时,从教材单元的学习目标出发,以评价来引导学生通过开展"思维广场"学习活动,学会运用语言知识和语言技能,增强文化意识,反思学习过程,形成学习策略,达成单元学习目标,促进学科核心素养的发展。

1. 综合评价:关注发展过程

无论是哪种形式的"思维广场"学习活动,教师都必须关注学生的学习过程,结合单元学习目标和学习活动内容,设计评价指标,开展评价活动,努力做到评价内容综合化,评价角度多元化,评价活动贯穿学习活动全过程。

【案例】①

教材版本	高中《英语》(上教版)
单 元	必修三 Unit 3 The way we are
主题语境	人与自我
话题内容	认识自我,丰富自我,完善自我

---

① 本案例由市西中学徐厉老师提供。

（续表）

项目组织形式	Group project
项目展示形式	海报展示与介绍

活动简述:

本活动是课堂学习必修三 Unit 3 的延伸和拓展。单元的 Reading and interaction 板块语篇介绍了不同地区与文化对个人外貌的审美标准及其演变;Listening and speaking 板块提供的语篇从外貌、肢体语言等方面分析适应都市生活的必备要素,并给出建议;Writing 板块提供的写作范文是一封针对青少年外貌焦虑的回信。单元学习目标包括"Interpret the sociocultural meaning of beauty practices in different places. Analyse the factors that make people streetwise."。学生通过课堂学习,已对审美认知的历史发展、文化差异建立了初步了解,并学习了如何就审美问题发表个人观点,积累了一定的语言和文化知识。

Activity: Group project

To what lengths will you go to make yourself look more beautiful? Do you think cosmetic surgery is a good choice? Design a poster, list the pros and cons of undergoing cosmetic surgery and make a group presentation to share your view.

基于单元内容和学习目标,教师设计了探讨美容整形现象的项目式学习活动,要求学生以小组为单位制作海报,分析整容手术的利弊,并以口头汇报方式分享小组讨论内容,表达对整容求美的看法。在项目任务实施中,教师充分关注学生的学习过程,设计了包含任务前(Pre-task)、任务中(While-task)、任务后(Post-task)活动的学习任务单(如图 2—图 4 所示):在任务前部分,学生记录对项目的总体介绍、自己在项目中的分工与准备情况;任务中部分,学生记录同学对本组汇报提出的问题、教师对本组表现的口头点评以及自己对其他组表现的评价,将师生评价、生生评价融入任务过程;任务后部分,学生对项目学习过程撰写反思。

Task:_____

_____ (Project)

_____

Date:_____(Week____) My role:_____

Pre-task:Outline of the project

I. General introduction of the group presentation:

II. My part:(in detail)

图 2 Pre-task 任务单

While-task:Note-taking in class   Project

I. Q & A based on our presentation:

II. Teacher's comments on our performance:

I. Other group presentations & comments:

Group_____

Group_____

图 3 While-task 任务单

Post-task：Writing an expository essay | Project

图 4　Post-task 任务单

在项目结束后的总体评价环节，教师同样关注学生的发展过程与各阶段学习收获，相应设计了内容综合、角度多元、覆盖全程的评价量表（见表 4）。

Evaluation Form （Group Project）

Tasks	Self-assessment			Teacher's assessment		
Pre-task		1 Fairly well	0 Not well		1 Fairly well	0 Not well
Understand the topic.						
Prepare for my task.						

（续表）

While-task	2 Always	1 Mostly	0 Seldom	2 Always	1 Mostly	0 Seldom
Make a clear, vivid poster.						
Present views & arguments logically & convincingly.						
Deliver the message clearly & fluently.						
Cooperate well with group members.						
Post-task		1 Fairly well	0 Not well		1 Fairly well	0 Not well
Complete assessment & reflect on performance.						
Present a complete summary of the project.						
Total Score						

表4　小组活动评价量表

评价量表纵向维度为评价内容,同样由任务前、任务中、任务后三大部分构成,涵盖项目任务实施全过程,横向维度为评价主体,分为学生自评(Self-assessment)、教师评价(Teacher's assessment)两部分,体现主体多元性。其中,任务前主要就学生对项目主题的理解和前期准备进行评价,任务中的评价内容包括对海报设计质量(清晰性、生动性)、口头汇报内容(观点和论据的逻辑性、说服力)、口头汇报语言(清晰性、流畅性)和小组合作性的评价,任务后的评价主要针对学生完成书面评价表和项目反思性概述的情况。通过多角度、重过程、主体多元、内容丰富的评价活动,学生能获得更全面、细致的项目学习反馈,进而促进他们反思项目学习表现,进一步提升语言、思维和学习技能,提高用英语表达对整形求美现象看法的能力。

2. 标准分层:关注个体差异

学生是有差异性的,体现在不同的学生有不同的生活背景和家庭背景,优势智能和兴趣爱好各不相同,这就会造成学生个体之间语言水平、认知水平、思维水平、能力表现等各方面都有差异。"思维广场"学习活动通过不同的组织形式,让不同的学生都能展现优势、得到发展,因此,学习活动的评价标准也必须不唯一、有层次,能够更公平、客观地评价不同的学生,更好地使学习评价服务于每一位学生,促进每一位学生的学习和发展。

【案例】

教材版本	高中《英语》(上教版)
单 元	必修二 Unit 2 Roads to education
主题语境	人与自我

（续表）

话题内容	乐于学习,善于学习,终身学习
项目组织形式	Group project;Cooperative speech
项目展示形式	现场表达;写作阐释

活动简述：

学生在课堂学习中,已经通过 Writing 板块,学习了围绕英语课的时长如何改变及其原因进行表达,也结合学校校服这个话题学习了表达赞成或反对的论述文写作,初步掌握了相关语汇、语篇结构和语篇知识等。在单元的学习过程中,学生围绕教育主题下的学习方法、英语学习、考试等话题,基于教材语篇,开展了一些学习和初步的讨论。当然,学生的学习水平和对于语言的掌握的情况仍存在差异,对教育、学习、考试等话题的认知和观点也不一样。因此,在"思维广场"学习活动中,教师设计了以下两种不同水平要求的活动,学生可以根据自己的学习水平和兴趣选择完成。

Option 1：Group project

Imagine you are given the opportunity to design the English College Entrance Exam. How are you going to design it? Please remember that as the designer, you shoulder the responsibility for the effectiveness and practicability of the assessment. Introduce how you are going to design the exam with the help of a poster. Your introduction can include total score, time length, form of the test (written or oral), and test items, etc. State the reasons for your design.

Checklist	Self-assessment			Teacher's assessment		
Your poster illustrates the design clearly.	2	1	0	2	1	0
Your introduction is well-structured.	2	1	0	2	1	0
Reasons are stated logically and clearly.	2	1	0	2	1	0
Learned expressions are used properly.	2	1	0	2	1	0
Group members cooperate well.	2	1	0	2	1	0
Creative ideas are displayed.		1	0		1	0
Total score	_____			_____		

（A＝above 8；B＝6—7；C＝3—5；D＝below 2）

Option 2：Cooperative speech

My view on the exam

Make a 2-minute speech on "My view on the exam". Your speech must include：

（1）Are you for or against the exam? Why?

（2）Support your arguments with examples about specific exams.

（3）If possible，what changes are you going to make to the current exam?

（4）Draw a conclusion at the end of your speech.

* You may decide how you will cooperate to complete the task.

Checklist	Self-assessment			Teacher's assessment		
Your opinions are stated clearly.	2	1	0	2	1	0
Your speech is well-structured.	2	1	0	2	1	0
Opinions/arguments are well-supported.	2	1	0	2	1	0
Learned expressions are used properly.	2	1	0	2	1	0
Group members cooperate well.	2	1	0	2	1	0
Creative ideas are displayed.		1	0		1	0
Total score		＿＿＿			＿＿＿	

(A＝above 8；B＝6—7；C＝3—5；D＝below 2)

学生在拿到任务单的同时,也可以看到项目任务评价量表,这既对学生起到引领和指导的作用,又可以让学生根据自己的学习水平和实际情况进行合理选择。语言水平相对弱一些的学生,可以选择难度相对较低的项目任务,借助海报进行介绍,而语言水平相对较高的学生,可以选择要求相对较高的演讲任务。学生虽然完成的是不同的项目任务,但都可以在真实的任务中通过合作、交流、探究,学习如何运用已学的主题相关语汇,清晰地陈述和支撑自己的观点,结构化地进行表达。

从评价量表的设计角度来看,教师兼顾了本单元的语言学习要求、学生的团队合作能力、创新思维水平、学习能力等维度。无论学生选择哪个难度的项目任务,都有机会通过认真学习、参与合作、发挥优势,得到较好的评价结果。这样的评价,考虑到了学生的个体差异,每个学生都可以在自己原有语言水平的起点上,通过学习逐步提高,激发创新思维,也可以更好地认识自己。通过发挥自身优势,学生得到正面而积极的评价和反馈,从而进一步增强了学习信心,增加了学习的兴趣和动力。

三、"思维广场"学习活动的价值和反思

经过实践,可以发现"思维广场"学习活动通过将课堂学习活动与项目式学习活动有机融合,分别汲取了两者的优势,可以更有效地促进英语学科核心素养的培育,当然,作为一种新的教学实践方式,在实施过程中也有一些问题需要特别关注。

(一)"思维广场"对学科核心素养培育的特有价值

"思维广场"将课堂学习活动和项目式学习活动有机融合,不仅体现在学习内容的融合、多种学习方式的融合、学习时空的融合,还让学生在英语学习的过程中拥有了更多的自主选择,从而更好地促进学生核心素养和综合能力的培养。实践证明,"思维广场"对英语学科核心素养的培育有着特殊的价值。

首先,在"思维广场"中,教材内容和拓展学习内容有机融合,这种融合有助于建构完整的知识体系。教材的学习为学生提供了主题范围和基础知识,拓展内容的学习则是对主题的深化以及对知识的延伸和补充。通过两者融合,学生可以更全面地了解学习内容,形成对主题的整体认知,从而建构出完整的知识体系。这种融合还有助于培养学生的思维能力。拓展内容的学习更多关注真实问题的探究和解决,从而引导学生进行更深

入的思考和探究,培养他们的批判性思维、创新思维和解决问题的能力,提升他们的思维水平。此外,拓展内容可以为学生提供更加丰富、有趣的学习材料,激发他们的学习兴趣和好奇心,使学生能够主动参与到学习中去,从而提升学习积极性。英语学科核心素养不仅包括语言能力的掌握,更强调学生在面对实际问题时灵活运用所学,具备文化意识、多元思维和创新能力。通过将教材学习和拓展内容学习相融合,学生可以更深入地理解和运用语言知识和技能,形成扎实的学科核心素养,为他们未来的学习和生活打下坚实的基础。

其次,学生在"思维广场"可以独立学习或合作学习、线上学习或线下学习,可以通过听老师、同学讲述或阅读书籍等方式开展学习,也可以通过讨论或实践等方式来开展学习。多种学习方式的有效融合,不仅提供了多样化的学习资源,还允许学生根据自己的学习风格和需求选择最适合自己的学习方式,实现个性化学习。这不仅有助于提高学生的学习效率和效果,还激发了他们的学习兴趣和动力,更好地促进他们的全面发展。同时,多种学习方式的融合可以让学生在不同的学习环境中获得更加丰富、多样化的学习体验。喜欢独立思考和探索的学生可以选择通过自主学习的方式进行学习,善于与他人合作和沟通的学生可以选择通过小组讨论、协作实践等方式进行学习,喜欢动手实践和操作的学生可以在项目式学习中选择更具实践性的任务。多种学习方式的有效融合,有利于进一步打破壁垒、促进融合,帮助学生更好地理解和应用知识,形成更具宏观视野的大观念,从而引导学生更积极地参与到深度学习和综合实践中。通过对生活、社会、科学等进行综合探究和深度挖掘,学生实现了学科核心素养发展效能的进一步增强。

再次,"思维广场"模糊了课内与课外的界限,为学生提供更广阔的学习时空。通过将相对系统、深入的课内学习与相对灵活多样的课外学习融合的方式,学生可以接触到更丰富的实际问题和应用场景,更全面地了解学科知识,形成对学科的整体认知,从而培育出更为扎实的学科核心素养。同时,学生能在更广阔的学习时空中找到与课内学习的联系,更直观地感受到学科知识的魅力和实用性,使课内学习不再枯燥,学生的学习兴趣和动力得到激发,这样他们能更加积极地投入到学习中去,形成良性循环。这种学习时空的全面融合还能够促进学生的全面发展,在许多实际问题的探究和解决过程中,学生需要综合运用各种知识和技能,课内学习可以提供理论支撑和方法指导,而实践的过程则可以帮助学生形成更为完整的知识体系,锻炼学生的思维能力、团队协作能力和沟通能力,培养学生的创新能力和实践能力,从而促进学科核心素养的培育。

最后,"思维广场"中的学习过程充满了丰富的可选择性,包括学习内容、学习方式、学习时空、学习伙伴、学习资源等,更多的选择性意味着学生可以根据自己的兴趣、能力和学习需求来定制学习计划。一方面,学生的学习动力会得到极大提升,因为他们是在为自己的目标和兴趣而学习,而不仅仅是应付考试或完成任务。这种主动性的学习,有助于形成深度的学科理解和持久的学科兴趣,进而培育出坚实的学科核心素养。另一方面,学生的自主学习能力和自我管理能力得到了培养。他们需要在众多的学习资源和方法中做出选择,并规划自己的学习路径,这需要他们具备一定的判断力和决策力,还能够合理安排时间,确保各项学习任务有效完成。这种自我管理和自我驱动的能力,是学科核心素养的重要组成部分。更重要的一点是,在众多的学习选择中,学生需要不断尝试新的学习方法和思路,这本身就是一种创新的过程。他们还需要对不同的学习资源和观点进行比较和分析,形成自己的独立见解和判断。这种创新精神和批判性思维,也是学科核心素养的重要组成部分,更是未来社会所需要的重要能力。丰富的选择性还有助于促进学生的个性化发展。每个学生都是独一无二的,他们的学习需求和兴趣点各不相同。教师通过提供多样化的学习选择,能够更好地满足学生的个性化需求,帮助他们发挥自己的特长和优势。这种个性化的学习体验,能够增强学生的自信心和成就感,进一步激发他们的学科兴趣和探索精神。

（二）学科核心素养导向的"思维广场"活动需要注意的问题

课堂与项目式学习的融合是高中英语教学的一种创新实践,核心理念在于将传统的课堂学习与项目式学习的优势相结合,以提升学生的学科素养和综合能力。教师在这一过程中扮演着至关重要的角色,在学习活动的组织与实施过程中,需要注意以下几个方面。

1. 确保课堂内容与项目主题的紧密衔接

确保课堂内容和项目主题的紧密衔接是教师在英语教学中的一项重要任务。这种衔接不仅有助于学生更好地理解课程内容,还能提升他们在实际应用中的能力。教师在设计和选择项目主题时,应仔细分析课程内容,明确教学目标和重点,然后通过情境导入或案例分析等方式,将课堂内容与项目主题联系起来,还可以利用跨学科的知识和方法,将课堂内容与项目主题进行有机整合。

在衔接过程中,教师还需要注意课堂内容与项目难度的匹配。项目既不应过于简单,以至于学生无法从中获得提升;也不应过于复杂,导致学生难以入手。教师应考虑学生的兴趣和背景,基于学生的实际水平和能力,设计具有挑战性和实用性的项目任务,以便学生能够将课堂上学到的知识运用到项目中,切实有效地提升学生的语言能力和综合素养。

2. 重视课堂学习和项目式学习的相互配合

在同一主题引领下的课堂学习和项目式学习融合,旨在使两者相互配合,把课堂学习作为项目式学习的基础,项目式学习则可以评价课堂学习的效果。课堂学习为项目式学习提供了丰富的内容和素材,而项目式学习则反过来检验和巩固了课堂学习的成果。在课堂和项目式融合的过程中,教师在组织和实施课堂学习活动时,可以更聚焦学生对于基础知识和基本技能的掌握,而在组织和实施相关的项目式学习时,可以相对更侧重于实践与应用,让学生在解决问题的过程中,深化对知识的理解,提升综合素养和能力。

教师在融合这两者时,可以采用把课堂学习情况的评价作为项目式学习的设计起点这一策略。课堂学习情况的评价就像是一面镜子,能够清晰地反映学生们在基础知识、技能掌握以及学习态度等方面的真实状况。通过这面镜子,教师可以更准确地把握学生们的学习需求和潜力,从而为项目式学习提供更有针对性的起点和设计思路。以评价为起点,教师可以根据项目式学习的目标和要求,结合学生在课堂学习中的表现,为他们量身定制合适的项目任务。这样一来,项目式学习就能更好地与课堂学习相衔接,既能巩固和拓展课堂学习的内容,又能满足学生们个性化、多样化的学习需求。

3. 关注学生个体差异和能力素养的培养

每个学生都是独一无二的个体,他们拥有不同的学习风格、兴趣爱好、认知能力和经验背景,英语水平、学习能力等方面也存在差异,即使在同一个课堂学习主题之下,不同学生感兴趣的探究方向也可能是不同的。教师在设计项目任务时要充分考虑这些个体差异,提供足够的选择空间,确保每个学生都能根据自己的兴趣和意愿选择适合自己的项目任务。学生在激发兴趣、提高参与度的同时,可以发挥自己的优势,实现个人价值。对于学习能力较强的学生,教师可以提供更多的挑战和拓展机会,激发他们的创新思维;对于学习能力较弱的学生,教师可以给予更多的关注和帮助,提供必要的支持和引导,帮助他们克服学习困难。

一方面,教师可以利用小组合作的方式,促进学生的互补,通过将不同特点的学生组合在一起,使他们相互学习、相互帮助,共同完成项目任务。另一方面,教师要学会放手,给予学生足够的空间去探索、实践和创新,鼓励学生独立思考、合作解决问题,适时提供指导和支持,鼓励学生相互支持、共同进步,形成良好的学习氛围。这样,学生不仅能够提升自己的综合素养和能力,自主学习能力、团队合作精神、沟通协作能力等也会得到提高,这对于他们未来的发展具有重要意义。

综上所述,教师在英语教学课堂与项目式融合的过程中,要以培养学生的学科素养和综合能力为目标,注意课堂内容与项目主题的衔接,重视课堂学习和项目式学习的相互配合,真正实现课堂与项目式学习的有效融合,为每一位学生提供丰富且可供选择的学习体验,在课堂学习和项目式学习共同形成的良性循环中,不断提高学生的英语水平和综合素养。

结　语

学科核心素养导向的高中英语教学改革展望

　　课程教学改革是一段始终在路上的独特旅程,要真正落实"双新"理念,推动核心素养导向的英语课程教学改革,必须有一种系统整体的设计,也必须有一种久久为功的精神态度。

　　从整体上看,在推进英语课程教学改革的过程中,教师要始终围绕核心素养培育的关键命题,通过课堂教学与项目式学习的探索,课堂教学与项目式学习的融合运用等,探索指向学生核心素养培育的英语学习活动设计与实施路径。从实践的角度看,这些活动的设计与实施,有效培养了学生的核心素养,提升了教师参与课程教学改革的主动性和培养学生核心素养的自觉性,也为新课标的落实提供了有效载体。着眼未来,笔者认为,为了持续推进核心素养导向的高中英语课程教学改革,需要在以下三个方面持续发力。

　　第一个方面,要以促进高中教师专业发展为基础。

　　学科核心素养导向的高中英语教学改革,对高中英语教师的专业发展提出了更高的要求和挑战,要求高中英语教师不断更新自己的理念,建构学习研究共同体,在共同体的平台上,持续开展专题研究,不断突破和提升。

　　首先,要引导教师开展持续的专题研究。专题研究是引领高中英语教师走向专业化的新航标。随着素质教育和新课程改革的深入推进,高中英语教师面临着前所未有的挑战。富兰和哈格里夫斯强调，教师的专业发展不仅涵盖通过在职教育或培训获得的特定技能，更包括目标意识、教学技能和合作能力的全面提升。虽然学校和教师自身都对专业发展越来越重视，但要在短期内将每位教师打造成全能型人才并不现实。繁重的教学工作和其他各种因素导致教师间缺乏真正的合作、交流和共享。帕克·帕尔默指出，同事间的交流能让我们更深入地了解自己和教学。传统的合作方式，如备课组活动，往往限制了教师的选择自由，且若备课组内教师水平相近，研究和实践的效果往往不尽如人意，合作也多限于日常交流或讨论，缺乏对专题研究的深入探讨。此外，每位教师在其职业生涯的不同阶段，对合作的需求都是独特的。新手教师可能更希望合作能帮助他们快速掌握教学技巧，解决实际问题；而经验丰富的老教师则可能更看重通过合作来拓宽知识面，提升教学效果。专题研究作为一种更为高效、创新的合作方式，能够打破备课组的界限，优化教师资源的组合。它不仅有助于分享和整合教学资源，减轻个人工作负担，满足不同需求，在较短的时间内实现教师专业发展的最大化，还有助于教师深入了解教学领域的最新动态和趋势，帮助解决教学中的实际问题。教师通过专题研究，建立更为紧密、有效的合作网络，分享教学资源，交流教学经验，探索方法策略，共同解决问题。这种合作不仅有助于提升教师的个人能力，还能促进整个团队的协同发展。因此，未来的高中英语教师应该积极投身于专题研究中，不断提升自己的专业素养和教学水平，为学生的成长和发展提供更好的支持和帮助。

其次，要着力建构教师学习研究共同体。教师专业学习研究共同体是实现教师专业发展的重要途径，它要求建立融洽、和谐的合作氛围，以共同愿景和价值观念为纽带，提倡赋予教师领导权力，追求以规则为保障的制度关系。作为一种新型教师专业发展方式，学习研究共同体能够有效满足新时代背景下教师教育改革对教师学习与成长的要求。高中英语教师肩负着培养学生语言技能、文化素养和全球视野的重任。然而，单打独斗的教学方式已难以满足现代教育的需求。我们需要建构一个学习研究共同体，让每位教师都能在这个平台上成长，实现教育的创新与突破。而"互联网＋"时代，也为教师专业学习研究共同体带来了新的发展机遇。利用互联网的开放性、虚拟性、移动性和交互性，可以建构更加灵活、高效的学习研究平台。通过在线研讨、网络研修、校际协作等方式，可以实现教育资源的共享和优化配置，推动教师专业的可持续发展。依托这样的学习研究共同体平台的校本教研也将变得更有实效。针对教学中的热点、难点问题，教师共同研究、探讨，提升教研的实效性和针对性，共同探索、实践，找到解决问题的最佳策略。教师可以共同研究如何更好地设计教学活动，如何更有效地评估学生的学习成果，如何更好地培养学生的语言运用能力。这样的共同体校本教研，不仅可以提升教师的教学能力，还可以拓宽他们的教育视野，让他们更加深入地理解教育的本质和目的。

总之，建构学习研究共同体是高中英语教师发展的必然趋势。在这个共同体中，教师可以集思广益、共创未来，提升校本教研实效，拓宽教育视野，挖掘教学深度，推动教育创新，还可以利用"互联网＋"拓展高中英语教育教学的新天地。

第二个方面，要以内外协同的联动机制建构为支撑。

学科核心素养导向的高中英语教学改革，要求高中英语教师努力打破学科之间的壁垒，融合线上线下的资源，实现课内课外的联动，探索和建构内外协同联动体系，保障和支持高中英语课程教学改革实践的不断推进。

首先，要打破学科之间的壁垒。学科壁垒的打破有坚实的理论基础，其中最重要的就是跨学科学习理论，其研究起源于 20 世纪 20 年代，并伴随着自然科学的发展而发展。从"跨学科"的概念阐释和相关研究出发,"真正的跨学科不是把两种学科拼凑起来,而是思想和方法的结合"这一理解方式已经得到了普遍认同。跨学科主题学习是跨学科学习的一种设计样态。不同国家的学者对"跨学科主题学习"概念的界定给出了不同的解释。德雷克将跨学科定义为多个学科围绕一个情境,进行可持续性的、批判性思维的理解活动。结合《义务教育课程方案(2022年版)》和《义务教育英语课程标准(2022年版)》中对跨学科学习的相关描述,可以将跨学科主题学习定义为:以素养培育为指向,整合两种或两种以上学科的知识、观念、思维方式与方法等进行主题学习,考察与探究主题之下问题的一种兼具综合性与探究性的学习方式。综合现有的研究可以形成一种整体性认识:"跨学科学习"崇尚跨学科意识与自由人格,主张综合性深度学习方式,强调学科与学科、学科与生活的内在联系,正在成为信息时代的基本课程与学习取向,对于培养学生核心素养具有重要的价值和意义。

从跨学科学习的角度看,学科融合是未来教育的新趋势,它能够将不同学科的知识、理论和方法整合在一起,形成有机整体。英语作为国际交流的共同语言,具有与其他学科融合的巨大潜力。通过英语进行跨学科学习,不仅能够促进学科间知识体系的建构,还能更好地分析并解决综合性问题。英语学科核心素养的培育目标强调培养学生的跨文化意识、交际能力和批判性思维能力,对英语跨学科融合教学具有重要的指导意义,要求学生能够将英语知识与其他学科知识融合,进行复杂的跨学科思考和表达。要实现这一融合,并非易事,需要教师优化教学内容、更新教学方式、融合教育资源。这不仅要求英语教师具备跨学科的视野和能力,也要求他们能够与其他学科的教师进行合作,在实践中共同探索项目式学习等跨学科的教学模式和方法,帮助学生更好地理解和运用英语知识,同时也促进其他学科的学习和研究。教育部明确指出,教育信息化是推动教育高质量发展的核心动力,也是引领教育现代化的重要方向。高中英语课程同样需要重视现代信息技术背景下的教学模式和学习方式的变革,促进信息技术与课程教学的深度融合,建构高效、生动的教学方式。这种融合不仅能够创设情境,激发学生的学习兴趣,还能增大教学容量,提升课堂的生动性和高效性。更重要的是,这种融合能够实现以学生为主体的教学模式,落实学生英语核心素养的培育。

高中英语教师应该积极拥抱这一新的趋势和变革,不断提升自己的专业素养和跨学科能力,与其他学科教师合作,共同探索跨学科的教学模式和方法,为学生的全面发展提供有力支持。这不仅是教育改革的必然趋势,也是培养具有国际视野和创新能力人才的重要途径。

其次,要注重融合线上线下的资源整合。伴随着信息技术与教育教学的深度融合,技术赋能已经成为教育信息化领域的研究热点和实践突破口。随着网络时代的飞速发展和教育信息化的不断加深,线上线下的资源融合,也必将是高中英语课程教学改革的未来之路。

一方面,高中英语教学可以采用线上线下融合的模式。这种模式有诸多优势。首先,它打破了时空的局限,让学生可以随时随地学习,提高了学习的灵活性和便利性。其次,它符合以学习者为中心的教学管理目标,形成了以学生为主体的教学理念,激发了学生的学习潜力。最后,它符合教学方法的改进需要,丰富了教学资源,优化了评价体系,提高了教学品质。这种教学模式不仅提高了教学质量,还使学生的学习过程更加有趣和高效。它强调学生的主体性,培养学生的主动性和创造力。在这种模式下,学生不再是被动的知识接受者,而成为了学习的主人。另一方面,教师可以充分利用互联网,在课程教学中加入更多的辅助工具,比如大数据环境下的在线教学平台,融入相应的数据追踪技术,使教师了解学生学习过程中的知识掌握程度和普遍遇到的难点;又比如引入在线英语图书馆、在线英语影片观赏、人工智能技术支持的人机对话等丰富的语言学习资源,教师和学生可以随时随地获取相应的资源,开展有针对性的语言学习或指导课程,学生可以随时拥有语言习得和使用的友好环境。

再次,要注重实现课内课外的联动。传统的课堂教学模式已经无法满足学生多元化、个性化的学习需求,教师需要打破课堂内外的界限,建构一个更加开放、包容、互动的教学环境。实现课内课外联动的关键在于建构一个良好的英语教学生态系统,使课堂教学与课外实践相互促进,形成良性循环。教师可以通过课堂教学引导学生发现课外学习的乐趣和价值,也可以通过课外实践来检验和巩固课堂教学成果。要实现课内课外联动,首先需要教师转变教学理念,将课堂视为一个开放的生态系统,鼓励学生走出教室,参与到更加广阔的学习空间中,通过课外实践活动、社区服务、网络学习等形式,深化对课堂知识的理解,提高英语语言运用能力。其次,教师需要创新教学方法,在教学中应该注重培养学生的自主学习能力和合作精神,通过项目式学习等教学模式,让学生在课堂上主动探究、合作学习,形成积极的学习态度,同时,利用人工智能、大数据等现代科技手段,为学生提供个性化、精准化的学习支持。最后,教师需要建构多元化的评价体系,将课外实践、社区服务、在线学习等纳入评价体系,实现课内外评价的有机结合,以此激发学生的学习动力,帮助他们更好地适应未来社会的需求。实现课内课外联动是高中英语课程教学改革的重要方向。教师需要从转变教学理念、创新教学方法、建构多元化的评价体系等多个方面入手,保持开放的心态和创新的精神,勇于尝试、加强合作,逐步推动高中英语课程教学改革的深入发展。

第三个方面，要以探索具有本土特色的英语教学改革经验为己任。

教育改革要坚定文化自信，要致力于探索具有本土特色和话语方式的改革经验。尽管中国的课程教学改革已经历时多年，但很多时候课程教学改革中运用的核心概念和话语表达方式依然带有明显的西方色彩。在中国经济社会发展日渐壮大，中国在参与全球治理中地位不断提升的整体背景下，如何建构具有中国特色的课程教学改革话语体系，探索具有本土特色的课程教学改革经验已经成为一个迫在眉睫的问题。习近平总书记在党的二十大报告中明确阐述了中国式现代化的特征，中国式教育现代化既是中国式现代化的重要内涵，也是实现中国式现代化的重要推动力量。中国式教育现代化的一个重要表征就是要用具有中国特色的方式解决教育改革发展中的世界问题，生成推动课程教学改革的中国经验和中国思路，这既需要国家层面宏观的政策制度设计，也需要每一个地区、每一所学校、每一个教师结合实践的个性化探索。对于高中英语教师而言，要顺应全球治理趋势和高素质外语人才培养的现实需要，自觉承担起探索具有本土特色的英语课程教学改革的重要使命。通过扎实的行动研究生成英语课程教学改革的本土经验，既有效落实课程标准的要求，培养学生的核心素养，也为中国式教育现代化的推进和教育强国建设提供更丰富、更生动的实践素材。

作为一名高中英语教师，笔者愿意为此而持续努力。

参 考 文 献

1. 梅雷迪斯·D.高尔,沃尔特·R.博高,乔伊斯·P.高尔.教育研究方法导论(第六版)[M].许庆豫,等译.南京:江苏教育出版社,2002:98.

2. 佐藤学.课程与教师[M].钟启泉,译.北京:教育科学出版社,2003:217-238.

3. 巴克教育研究所.项目学习教师指南——21世纪的中学教学法[M].任伟,译.北京:教育科学出版社.2008:1-7.

4. 巴里特,比克曼,布利克,马尔德.教育的现象学研究手册[M].刘洁,译.北京:教育科学出版社,2010:26.

5. 胡惠闵,王建军.教师专业发展[M].上海:华东师范大学出版社,2014:11-19.

6. 林崇德.21世纪学生发展核心素养研究[M].北京:北京师范大学出版社,2016:22.

7. 汤青,赵尚华.时态:上海市中小学英语学科课改30年[M].上海:华东师范大学出版社,2018:1-2.

8. 中华人民共和国教育部.普通高中英语课程标准(2017年版2020年修订)[M].北京:人民教育出版社,2020:1-2.

9. 夏雪梅.项目化学习设计:学习素养视角下的国际与本土实践(第2版)[M].北京:教育科学出版社,2021:10.

10. 中华人民共和国教育部.义务教育课程方案(2022年版)[M].北京:北京师范大学出版社,2022.1-3.

11. 张东江.论思维能力及其培养[J].河北学刊,1993,(04):40-45.

12. 杨莉娟.活动理论与建构主义学习观[J].教育科学研究,2000,(04):59-65.

13. 郝志军.教学原则研究20年:反思与前瞻[J].清华大学教育研究,

2002,(03):32-38.

14. 张行涛.教育与社会共变格局与过程[J].集美大学学报,2004,(01):42-46.

15. 钟启泉.中国课程改革:挑战与反思[J].比较教育研究,2005,(12):18-23.

16. 崔允漷.课程实施的新取向:基于课程标准的教学[J].教育研究,2009,(01):74-79+110.

17. 牛利华,邹萌.教育改革中的教师阻力:成因及教育应答——以中外已有研究为基点[J].外国教育研究,2010,37(10):18-21.

18. 金美福.有意义的学习经历:理论框架与现实发生比较[J].外国教育研究,2010,37(10):33-38.

19. 范瑜.基于行动研究的教师专业发展[J].当代教育论坛(管理研究),2011(01):15-16.

20. 郑太年.真实学习:意义、特征、挑战与设计[J].远程教育杂志,2011,29(02):89-94.

21. 孙元涛.教师专业学习共同体:理念、原则与策略[J].教育发展研究,2011,33(22):52-57.

22. 卢强.课程学习活动设计重审:活动理论视域[J].电化教育研究,2012,33(07):95-101.

23. 辛涛,姜宇,王烨辉.基于学生核心素养的课程体系建构[J].北京师范大学学报(社会科学版),2014,(01):5-11.

24. 仲建维.我国高中教育改革:国际视野与本土行动[J].全球教育展望,2014,43(03):30-37.

25. 杨碧君,曾庆玉.影响学生课堂投入的关键课堂教学环节[J].中国教育学刊,2014,(11):53-56.

26. 龚亚夫.英语教育的价值与基础英语教育改革[J].外国语(上海外国语大学学报),2014,37(06):18-19.

27. 李志义.成果导向的教学设计[J].中国大学教学,2015,(03):32-39.

28. 潘洪建.身体在场:在活动中学习[J].教育发展研究,2015,35(22):44-46.

29. 程晓堂,赵思奇.英语学科核心素养的实质内涵[J].课程·教材·教法,2016,36(05):79-86.

30. 林琳,沈书生.项目化学习中的思维能力及其形成轨迹——基于布卢姆认知领域目标视角[J].电化教育研究,2016,37(09):22-27.

31. 钟启泉.基于核心素养的课程发展:挑战与课题[J].全球教育展望,2016,45(01):3-25.

32. 范敏,刘义兵.斯腾豪斯的"教师成为研究者"思想[J].全球教育展望,2017,46(08):83-94.

33. 李广超.中学英语教学中高阶思维及其发展策略[J].教育导刊,2017,(08):60-63.

34. 邓莉.如何在教学上落实21世纪技能:探究性学习及其反思和启示[J].教育发展研究,2017,37(08):77-84.

35. 吕立杰,韩继伟,张晓娟.学科核心素养培养:课程实施的价值诉求[J].课程·教材·教法,2017,37(09):18-23.

36. 郑秋萍.全人教育视角下英语学科核心素养的培养[J].教学与管理,2017,(10):73-75.

37. 李梅.认知视角下的项目化学习解析[J].电化教育研究,2017,38(11):102-107.

38. 李俊堂.从教学环节看生成性教学的实现[J].教育学术月刊,2017,(12):100-108.

39. 夏雪梅.项目化学习:连接儿童学习的当下与未来[J].人民教育,2017,(23):58-61.

40. 姚文峰.走向生活:教育行动研究的本体意义[J].教育研究,2018,39(02):95-102.

41. 余文森.论学科核心素养的课程论意义[J].教育研究,2018,39(03):129-135.

42. 李霞.核心素养:人才培养模式改革的召唤[J].教育评论,2018,(10):21-25.

43. 刁益虎.教育经验的困境及其突破——狄尔泰体验哲学的视角[J].当代教育科学,2018,(11):7-10.

44. 罗莎莎,靳玉乐.新时代教育发展的特点与使命[J].教师教育学报,2019,6(02):1-7.

45. 阎亚军.论学生参与教育改革[J].中国教育学刊,2019,(02):59-63.

46. 董君武.思维"广场"撬动教学方式深度变革[J].人民教育,2019,(Z1):70-73.

47. 郭宝仙,章兼中.如何在课堂教学中培养英语学科核心素养[J].课程·教材·教法,2019,39(04):66-71.

48. 夏雪梅.在传统课堂中进行指向高阶思维和社会性发展的话语变革[J].华东师范大学学报(教育科学版),2019,37(05):109-114.

49. 赵永生,刘毅,赵春梅.高阶思维能力与项目式教学[J].高等工程教育研究,2019,(06):145-148+179.

50. 孟庆涛.核心素养视域下英语教学改革的反思与推进[J].课程·教材·教法,2019,39(06):107-111+143.

51. 李润洲.指向学科核心素养的教学变革[J].教育科学研究,2019,(09):5-10+23.

52. 郭华.70年:课堂教学改革之立场、思想与方法[J].中小学管理,2019,(09):20-24.

53. 赵晋,蔡冉冉,张建军.新时代教育理论创新的动因与路向探究[J].中国电化教育,2019,(10):67-75.

54. 李兴洲,何雨点.教育改革要坚持文化自信[J].中国高等教育,2019,(Z3):40-42.

55. 杜静,常海洋.教师专业学习共同体之价值回归[J].教育研究,2020,41(05):126-134.

56. 万昆,任友群.技术赋能:教育信息化2.0时代基础教育信息化转型发展方向[J].电化教育研究,2020,41(6):98-103

57. 刘利平.个人经历在教师专业发展中的价值[J].天津市教科院学报,2020,(06):57-59.

58. 任美琴,吴超玲.指向学科核心素养的高中英语教学设计研究[J].全球教育展望,2020,49(07):79-91.

59. 王荣生."学习活动"的多维视角——基于对相关译著的考察分析[J].

教育发展研究,2020,40(18):1-8.

60. 张敬威,于伟.学科核心素养:哲学审思、实践向度与教学设计[J].教育科学,2021,37(04):60-66.

61. 夏雪梅.指向创造性问题解决的项目化学习:一个中国建构的框架[J].教育发展研究,2021,41(06):59-67.

62. 范蔚,刘建军.学科核心素养导向的高中英语学习活动设计[J].天津师范大学学报(基础教育版),2022,23(03):46-51.

63. 夏雪梅.指向核心素养的项目化学习评价[J].中国教育学刊,2022,(09):50-57.

64. 郭元祥.指向核心素养的学习活动及其形态优化[J].当代教育科学,2022,(12):9-16.

65. 程晓堂,王瑶.新课标下的真实英语教学:内涵、价值及实施建议[J].课程·教材·教法,2023,43(08):119-122.

66. 崔国立."教学评一致性"课堂的三个关键环节[J].中国教育学刊,2024,(01):106.

67. 王庆霞,孟凡丽.学科核心素养导向下高中英语项目化学习的价值意蕴与实践路径[J].课程·教材·教法,2024,44(01):143-148.

68. 黄蕾.高中英语单元项目化学习方案的设计原则与路径——以人教版选择性必修二 Unit 4 Project 为例[J].教师教育论坛,2024,37(02):36-38+50.

69. 朱小虎.基于 PISA 的学生问题解决能力研究[D].华东师范大学,2016.

70. 魏叶美.教师参与学校治理研究[D].华东师范大学,2018.

71. Edwards, M. C., Briers, G. E. Higher-order and lower-order thinking skills achievement in secondary-level animal science: Does block scheduling pattern influence end-of-course learner performance? [J]. Journal of Agricultural Education, 2000,(04):2-14.

72. Richardson, V., Placier, P. Teacher change[A]. In Richardson, V. Handbook of Research on Teaching (the fourth edition) [C]. Washington, D.C.: American Educational Research Association, 2001:

907.

73. Markham, T. Project Based Learning[J]. Teacher Librarian, 2011, 39(2): 38 – 42.

74. UNESCO. Rethinking Education: Towards a global common good? [R]. Geneva: UNESCO, 2015: 16 – 17.